〈全日本女子プロレス東京ドーム大会〉

憧夢超女大戦《どうむちょうじょたいせん》

25年目の真実

小島和宏

彩図社

はじめに　～あのころ、週プロでは絶対に書けなかったこと～

この本の話をいただいたのは、まだ「令和」という年号が明らかになる前だけど、もうすぐ平成が終わる、というタイミングだった。

「今年の11月20日で女子プロレスの東京ドーム大会から、ちょうど25年になる。四半世紀ですよ。この機会にあのころの熱狂の真実を掘り下げた本を作りたい」

たしかにちょうどいい「頃合い」なのかもしれない。

2018年の秋に『誰も知らなかった猪木と武藤　闘魂Vスペシャル伝説　失われた時代を撮り続けた男の証言』（メディアックス・刊）というムックを作った。2019年になると『週プロ黄金期　熱狂とその正体』（双葉社・刊）という書籍でインタビューを受け、10年以上も前に出版した拙著『ぼくの週プロ青春記』が朝日新聞出版から文庫化された。

平成が終わるタイミングで、平成初期のムーブメントをまとめておこう、というのは、ある意味、当然の流れである（ちなみに文庫版『ぼくの週プロ青春記』の奥付に記された発行日は、平成最後の日となっている)。

つい何年か前までは、こういう本が出るとなったら、僕よりも先輩の記者の方々がメインで活躍されていたが、舞台が昭和から平成になったことで、僕のような若輩者にもお鉢が回ってくるようになった。シャーク土屋と同期の「平成元年デビュー組」である僕も、いつのまにかキャリア30年を迎えていた。レスラーも記者も、まだまだ先輩方が活躍してるので、いつまでも若造感覚が抜けないのだが、せっかくご指名いただいたのだから、この本のオファーを二つ返事で「やりましょう」と受諾した。

かねてから、書いてみたいテーマではあった。

ネットで「女子プロレス　東京ドーム」で検索してみると、びっくりするぐらいネガティブな話しか出てこない。なにか恨みでもあるのか、この東京ドーム大会がきっかけで女子プロレスブームが終焉を迎えた、と断言している記述まである。

それについては、ずっと違和感をおぼえていた。

当時、週プロでは絶対に書けなかったけれども、東京ドームのかなり前の段階で女子プロレスにおける「対抗戦ブーム」は下降線を描きはじめていた。業界誌の記者としては「まだまだ女子プロレスは盛りあがっていますよ！」という体で煽らなくてはいけなかったけれども、観客動員も、会場での沸き方も、とっくにピークは過ぎていた。

そして、まるっきり逆の話になるけれども、東京ドームが終わったからといって、イッキに女子プロレスの人気が急落したわけではなく、少なくとも翌年いっぱいはまだまだ熱を保っていたのは事実だ。

日本武道館や両国国技館はフルハウスになっていたし、僕が制作に関わった書籍やビデオも飛ぶように売れていた。週プロでもビッグマッチのたびに、尋常ではないペースで増刊号が発行された。東京ドームで突然、ブームが終わったわけではないのだ。

ブームの頂点でもなく、バブル崩壊の決定打でもない。

平成6年11月20日に東京ドームで開催された『憧夢超女大戦』は、歴史上、非常に不思議な空気感の中で開催され、大成功とも大失敗ともいえない「謎多きイベント」として、評価が定まらぬまま、放置されてきた。

結果、ネット上では「女子プロレスブーム終焉のA級戦犯」扱いをされ、なんとなく、それが事実として語り継がれつつある。

当時、現場の最前線で取材をしてきた人間として、このまま放置しておくのは忍びないし、あらためて再評価すべきではないか？　そんな思いから、本書の執筆をはじめることとなった。

執筆するにあたって、当時の関係者から聞き取り取材を続けた。

あの時代に全日本女子プロレスの企画広報部長を務め、対抗戦時代の裏の裏まで知り尽くしているロッシー小川。

JWP代表だった「ヤマモ」こと山本雅俊。

LLPWの「女社長」として辣腕を振るった風間ルミ。

女子主要3団体のフロント陣の「証言」を並べるだけでも、かなり興味深い内容になるのだが、もうひとつの東京ドーム出場団体であるFMWを無視するわけにはいかない。

当時、渉外を担当していた荒井昌一氏は、すでにお亡くなりになっており、事実上の現場責任者だったターザン後藤も、これまでの取材の経験上、洗いざらいしゃべってくれる可能性は極めて低い（FMW退団の真相も『墓場まで持っていく』と宣言したきり、24年間、それを守り続けている）。

そこでFMW女子のエースだった工藤めぐみにターザン後藤や荒井昌一氏の当時の言動も含めて語り尽くしてもらった。

特に時間を決めずに取材をはじめたのだが、4人とも「25年も前の話なので、覚えていませんよ」と言いつつも、しゃべっているあいだにどんどん記憶が鮮明になってきたようで、さまざまな秘話を披露してくれた。

その取材時間、平均でゆうに3時間オーバー！

まるで対抗戦時代に、他団体との交渉のテーブルに立ち会っているかのような臨場感がそこにはあった。

もちろん、本当に覚えていないという事象も多々あったし、エピソードによっては、各人の意見（というか記憶）が相違することもあったのだが、答えの擦り合わせをしても仕方がない。4人に話を聞けば、そこに4通りの「それぞれの真実」が現出してしまうのは、25年という月日が経過した今となっては仕方がない。

リングに上がっていた選手たちの証言を並べる、というやり方もあったのだが、それをやると、記憶の相違はより大きなものになってしまうことは必至、いまも現役を続けているレスラーであれば、立場上、まだまだ言えないことも多いだろうし、余計に真実は闇の奥深くへと埋もれてしまいそうな気がする。そういった本を書くには、きっと、まだ機が熟していないのだろう。あと5年か10年経ったら、今度は当時のトップレスラーたちの証言を集めた本を編んでみても面白いかもしれない。

とはいえ、大きく意見や記憶が食い違うケースは思ったよりも圧倒的に少なかった。

このあたりはリングで闘っている選手よりも、当時から業界全体を俯瞰で見ることができたフロント陣ならでは、ということなのだろう。基本は流れるように話が進んでいくので、とても読みやすい一冊になったと思う。どうぞお楽しみいただきたい。

取材を進めていくにつれ、フロント陣全員が「自分は直接、タッチしていないのでわからない」というミステリーが現出した。

それは平成4年7月15日に大田区体育館で勃発し、対抗戦時代の幕開けとなった「FMW女子乱入事件」。この一件がなかったら、その後のオールスター戦や東京ドーム大会もなかったわけで、あっさりとスルーするわけにはいかない。そこで「直接の当事者」であるシャーク土屋を追加取材し「あの日の真実」をたっぷりと語ってもらった。

5人の当事者が語る「証言」に、週プロで女子プロレス担当記者を務めてきた僕の目線を絡めて、対抗戦開戦から夢のオールスター戦、そして東京ドーム大会と歴史を追っていき、アフタードームの余韻と本当の意味での「ブーム終焉」までをこの一冊で追っていこうと思う。

その前に一度、平成元年まで視点を戻したいと思う。ブームとブームの狭間の「冬の時代」を検証することも、今回のテーマでは非常に重要になってくる。

憧夢超女大戦　25年目の真実　目次

【第一章】平成元年5月6日
――女子プロレス「暗黒時代」のはじまり

【第二章】平成4年7月15日
——禁断すぎる「対抗戦勃発」の舞台裏

【第三章】平成5年4月2日

——本当の「ブームのピーク」は初のオールスター戦だった⁉

【第四章】平成6年11月20日

——誰もが「最初で最後」と思っていた落日の「憧夢超女大戦」

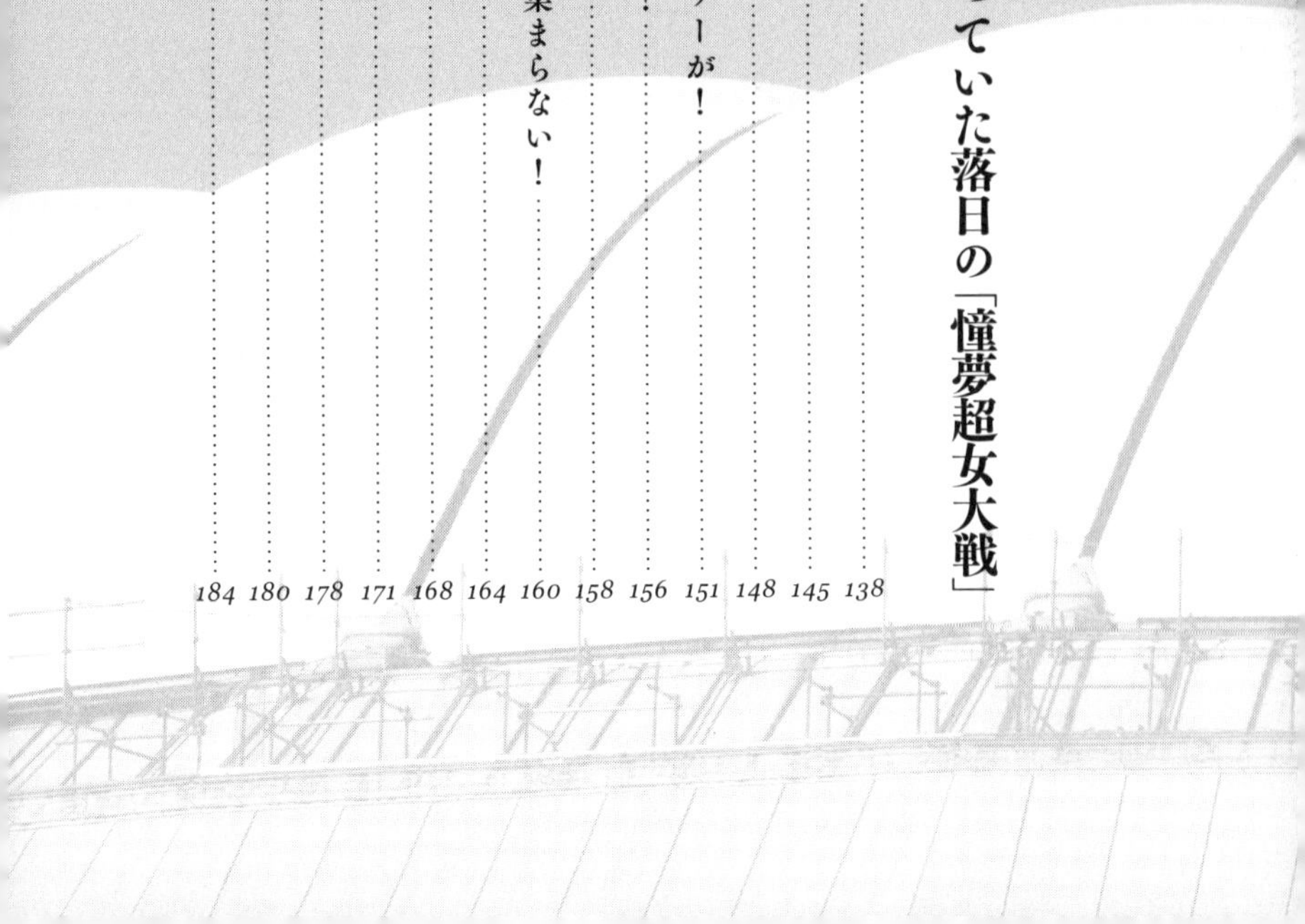

【第五章】平成9年10月21日

──対抗戦バブル、崩壊。そして、全女解散…

【第一章】

平成元年5月6日

——女子プロレス「暗黒時代」のはじまり

昭和最後の女子プロレスブーム

昭和の終わり、空前の女子プロレスブームが巻き起こった。

主役は長与千種とライオネス飛鳥のクラッシュギャルズ。ダンプ松本率いる極悪同盟との抗争は、あまりにも有名。ある意味、女子プロレスブームを超えた「社会現象」ともいうべき異常人気だった。

フジテレビは月曜夜7時から、30分枠ではあるがゴールデンタイムで試合を中継し、それ以外に土曜と日曜の午後にも、不定期ながら中継番組が放送されていた。

多いときには週3回も「全日本女子プロレス中継」が地上波で放送されていた、という、いまでは考えられないような事実。CSチャンネルでも、ひとつの団体でこれだけ多くの番組を放送することは、まずありえない。

いや、ありえないことが起こるからこその「社会現象」なのである。

クラッシュギャルズは歌手としても成功し、歌番組やドラマにも出演。さらには選手たちが総出演するミュージカル公演まで開催された。

おそらく本格的なブームの着火点となったのは、1984年8月25日の後楽園ホール大会。この日、クラッシュギャルズはリング上でデビュー曲『炎の聖書《バイブル》』を披露し、メインイベントでは見事にＷＷＷＡ世界タッグ王座を奪取。まさに新ヒロイン誕生の瞬間だった。

その日、まだ高校生だった僕は後楽園ホールに足を運んでいた。

南側の最後列の端っこから見ていたのだが、もう、そんな席しか入手することができないぐらい人気は沸騰していたのだ。

しかも男子高校生の僕たちは完全に浮いていた。

他の観客はほとんどが若い女性で、いわゆる「男子プロレスのファン」との兼ヲタは、数えるほどしかいなかった。事実、一緒に連れていった友人は「めちゃくちゃ面白かったけど、あの空間にいることは抵抗がある。二度と俺を女子プロレスに誘わないでくれ」と、この日を最後に全女の会場に足を運ぶことはなくなってしまった。

よくロッシー小川が「あのころの全女の客はプロレスを見にきていたんじゃない。プロレスラーを見に来ていた」というが、けだし名言である。

自分の好きなプロレスラーを見にいく。

いや、もっといえば「歌って応援する」ために会場に足を運んでいた。

そう、歌うのである。

プロ野球で打席に立った選手を外野スタンド全体が応援歌で後押しするが、あれとはまたちょっと違った感覚。ジャニーズなどの男性アイドルを追っかけている「親衛隊」の声援に近いもの、といったほうが正しいのかもしれない。

たとえば堀田祐美子が豊田真奈美と闘っている。

試合中、堀田が攻められると彼女のファンの女の子たちは声を揃えて歌い出すのだ。

『H・O・T・T・A！　堀田祐美子！　ゆみちゃん、ゆみちゃん、ゆみちゃん、ゆみちゃん、ゆみちゃんがんばって！　おーっ！』

攻められているあいだ、これが何コーラスも続く。

そして、堀田が反撃すると、今度は豊田真奈美のファンが歌い出す。

『まみちゃん、まみちゃん、まなみちゃん！　がんばれ、まみちゃん、まなみちゃん！　そーれ、まみちゃん！』

技の攻防の妙を楽しむ、という空気はまったくない。とにかく、自分の応援している選手が攻めて、勝ってくれれば、それでいいのだろう。

そこに僕たちのようなプヲタ（プロレスヲタク）が紛れ込んで、どちらを応援するでもなく、試合を楽しんでいたら、そりゃ、浮くのも当たり前だし、前述したようにチケット争奪戦も厳しくなってきたので、どんどん会場からは足が遠のいていった。

それでも週に何度も中継があるから、全女を観戦するのは、他の男子の団体よりも容易だった（もっともゴールデンタイム以外は関東ローカルだったので、関東地方に住んでいた人間のみの特権ではあったのだが……）。そして、ブラウン管を通しても、会場の熱気が徐々にトーンダウンしていっていることは手に取るようにわかった。ブームというものは3年も続けば御の字。１９８５年に日本武道館や大阪城ホールに到達した「昭和最後の女子プロレスブーム」は、１９８８年2月にクラッシュギャルズの宿敵だったダンプ松本が引退すると、あとは下降線をたどるだけだった。

クラッシュギャルズが消えた日

昭和という時代は、ある日突然終わり、すぐさま平成が幕を開けた。

そんなタイミングで長与千種が引退を表明した。千種が辞める、ということは自動的にクラッシュギャルズが自然消滅することを意味している。本当の意味でひとつの時代が終わろうとしていた。

僕は昭和64年1月に週刊プロレスの記者として現場に出るようになり、学生時代から女子プロレスの会場に足を運んでいた、という変わり者ぶりが評価（？）されたのか、いきなり全日本女子プロレスの担当を仰せつかった。

その矢先に発表された長与千種の引退。

これはもう「死刑宣告」に等しいものだった。

すでに後楽園ホールですら超満員にはなっていない状況。そこからカリスマ的な存在が抜けるのだ。

1989年5月6日。

つまりは平成元年5月6日。

長与千種の引退によって、昭和最後の女子プロレスブームは完全に終焉を迎えた。いや、もはやブームなんかではなくなっていたが、スーパースター不在では、ここからの人気復活は見込めるはずもなく、しばし「冬の時代」に突入することは、もう確定事項だった。

そして雪崩現象のようにブームを支えた主力選手たちが続々と引退していく。

先ほども書いたように「プロレスではなく、プロレスラーを見に来ている」客層がメインだったので、レスラーが引退することは、そのレスラーのファンもごっそり去っていくことを指す。毎月のように後楽園ホール大会では誰かの引退試合が行なわれ、長与千種の引退から3カ月後の8月には、ついにライオネス飛鳥も後楽園ホールでラストマッチ。

超満員にはならなかったとはいえ横浜アリーナで大々的に引退興行を開催した千種（この時点で横浜アリーナにて興行を打ったプロレス団体はなく、全女が業界のトップバッターとなった）に対して、飛鳥が後楽園ホールというのも、なんとも寂しい話ではあるが、もはや全女に1万人クラスのビッグマッチを開催するだけの人気はなくなっていた。

クラッシュギャルズが完全消滅したことで、日本の女子プロレス業界は出口のないトンネルへと潜っていくことになる。

場末感が漂う世界にて

いま振り返ってみれば、まだまだ全女には十分すぎるメンバーが残っていた。

ブル中野。

北斗晶。

アジャ・コング。

豊田真奈美。

だが、この時点で正真正銘のスーパースターだったのはブル中野だけで、北斗はいまひとつ突き抜けることができず、アジャはリングネームが「宍戸江利花→アジャ宍戸→コング・アジャ」と迷走していた時期で、正直、まだまだ「おもしろ枠」の扱いだった。豊田真奈美はデビューから2年ちょっとのルーキー。のちの「対抗戦ブーム」の主役たちは揃っていたものの、観客動員力のある選手はほとんどいなかった。

そこで全女が新エースとして打ち出したのは西脇充子とメドゥーサの「日米美女コンビ」だった。

西脇は堀田祐美子との「ファイヤージェッツ」で歌手デビューもしていたが、もはやタッグ戦線で盛り上げていくほどの人材はいない。この年の『ジャパングランプリ』では西脇が優勝、続く『タッグリーグ・ザ・ベスト』も西脇&メドゥーサ組が制覇するなど、この2人を主軸とした路線が着々と進められたが、正直、ビジネス的には成功しているとは言い難かった。

地方興行では、おもいきった施策としてメドゥーサだけのポスターが作られた。下世話な見方をすれば「東京から金髪で水着のおねーちゃんがやってくる！」という宣伝戦略。昔から全女では選手の凱旋興行では、その選手の1枚写真で作られた「ご当地ポスター」が街に貼られたものだが、その応用形である（もはやストリップ劇場のポスターに近いものがあるが……）。

実際、ガラガラの地方会場で客席まで降りてきて、地元のおじさんの横に座ってデビュー曲の『WHO'S MADUSA』（ファイヤージェッツとのカップリングという変則的な形ではあるが歌手デビューを果たしている）を熱唱する姿は、なんともいえない場末感が漂っていて、明るい未来など1ミリたりとも感じられなかった。

だが、ロッシー小川は当時をこう振り返る。

「別に焦ってはいませんでしたよ、誰も。前のブーム（ビューティ・ペアがメインとなった70年代後半の一大旋風）から、クラッシュブームのあいだにも落ち込んだ時代があったし、まぁ、とにかく選手はたくさんいたからね。試合内容も悪くはなかったし、次のスターとなるべき人材を育成するための期間というか。周りから見たら、ずいぶん迷走しているように見えたかもしれないけど、内部的には落ち着いてましたよ。全女が、というよりも松永兄弟が焦ってなかったってことになるのかな」

たしかにビューティ・ペアからクラッシュギャルズまでの「狭間」の時代、全女は元タレントのミミ萩原を「セクシーパンサー」として売り出してきた。

まさにメドゥーサの猛プッシュはミミ萩原の売り出し方を、そのままトレースしたようにも思える。ただ、あの「狭間」の時代にはジャガー横田とデビル雅美という、ベビーフェイスとヒールの二枚看板が存在していた。

そういう意味では、まだ「１９８９年の全日本女子プロレス」には、軸となるべき存在に欠けていた。キャリア的にも、格的にも、西脇とメドゥーサではヒールのトップであるブル中野とは並び立てなかったのだ。

しかし、ロッシー小川が語るように「選手はたくさんいた」。1989年の年末、全女は次の時代につなげるべく、年功序列をぶっ壊すようなカードを投入した。

1990年代は「男も女子プロレスを観る時代」に

1989年12月9日、平成元年最後の後楽園ホール大会。

メインはWWWA世界タッグ戦だったが、本当の勝負カードはほかにあった。

豊田真奈美vs山田敏代。

若手の登竜門ともいうべき全日本選手権を懸けた試合で、この時点でのチャンピオンは豊田真奈美だった。ベビーvsヒールという図式でもないし、2人ともまだトップレスラーではなかったけれども、確実に名勝負になる、と関係者はみんな確信していた。

結果は30分時間切れ引き分けだったが、この試合は年末の「全日本女子プロレス大賞」でベストバウト賞に輝いた。興行のメインでもなければ、WWWA世界戦でもない試合がこの賞を獲得するのは、極めて異例のことだった。

「語弊があるかもしれないけど、あの試合はベストバウト賞をとらせるために、あのタイミングで組んだカードだったからね。年間最終興行で、すぐに女子プロレス大賞の授賞式があったから、そこでいい試合をすればインパクトが残るし、若い選手がベストバウト賞をとってもおかしくはない。もちろん、いい試合にならなかったら賞はあげられないけど、あの2人は期待に応える試合をしてくれた。来年からはこういう時代になりますよ、という話ですよ」（ロッシー小川）

明けて1990年、全女のリングでは西脇充子、北斗晶、堀田祐美子、みなみ鈴香の「60年組」（昭和60年デビュー組）と、豊田真奈美、山田敏代、下田美馬、三田英津子の「62年組」の世代闘争がストーリーのメインになっていく。

本来であれば、そのあいだにいる「61年組」（アジャ・コング、バイソン木村ら）が上の世代にぶつかっていくべきなのだが、伸び悩む彼女たちの代をすっ飛ばして、勢いのある62年組が抜擢されたのだ。

とはいえ、この段階では豊田、山田と下田、三田のあいだには歴然とした差があり、さらに山田が椎間板ヘルニアで長期欠場を余儀なくされてしまったため、世代闘争は数カ月で消滅。結果的に豊田真奈美が単独でブレイクしていくことになる。

その裏で誰も計算していなかった突発的なドラマが生まれる。

1990年3月1日に旗揚げしたユニバーサル・プロレス連盟。

日本初となるルチャ・リブレに特化した新団体だったが、年に数回、メキシコからルチャドールを大量に招聘して興行を打つ、という特殊なスタイルだったため、これまでの日本プロレス界にはほとんど例がない「道場なし、自社リングなし」でのスタートとなってしまった。

そこで全女が道場を貸し出し、さらに試合当日にはリングも提供。それだけでなく選手やスタッフもレンタルして「全女提供試合」を興行の中に組みこんだ。

これが90年代の流れを大きく変えるきっかけとなる。

ユニバーサルのリングに登場したアジャ・コングとバイソン木村が一夜にして大ブレイクしてしまったのだ。

時代背景を説明すると、この時点ではまだインディー団体は剛竜馬の『パイオニア戦志』と、大仁田厚の『FMW』しか存在していなかった（FMWはまだ人気が爆発する前の段階である）。

つまり「旗揚げ戦」というのは、まだまだレアなものであり、プロレスマニアの大好物であるキーワード「時代の目撃者になる」ために、かなりコアなマニア層が後楽園ホールへと詰めかけていた。

そんな客層であっても、やはり女子プロレスを観戦している人は少なかった。

いまだったら女性蔑視だ、と問題になってしまいそうだが、昭和の時代は「女子プロレスは別モノ。新日、全日と同列に語るな！」というのがプロレスファンの常識的な考え方だった。週プロでも基本的にモノクロページ、カラーになってもせいぜい4ページ程度しか女子プロレスに誌面を割いていなかったが、それでも「女子を載せるぐらいだったら、その分、男子のページを増やしてほしい」という声が、読者からのアンケートはがきには一定量、寄せられていた。

だから、ユニバーサルの旗揚げ戦に集まった観客のほとんどが、この日、はじめて女子プロレスを生で観た、ということになる。

想定外のレベルの高さに驚くだけでなく、全女の会場ではまずありえないような「楽しみ方」を観客は発明してしまう。

アジャが技を出すたびに「うー、アジャ！」という掛け声が飛ぶ。

これは当時、全日本プロレスの谷津嘉章がパンチやキックを繰り出すたびに観客が「オリャ！」というかけ声をかけるのが流行っていたので、そこから転じたものなのだが、男子の試合もチェックしていたアジャは、当然、それをわかっているから、うまいこと客席からの声援にテンポを合わせて、技を繰り出していく。それは見事すぎる相乗効果だった。

そしてパートナーのバイソン木村には「ゴーゴー！　バイソン！」のチャントが送られた。男子プロレスならではの楽しみ方が女子プロレスにミックスされることで、思わぬ化学反応が生じることとなったわけだ。

そもそも、アジャやバイソンは全女のリングでは、まだ「脇役」でしかなかった。60年組と62年組の世代闘争が本格開戦するタイミングだったので、ある意味、メインにいなくてもよかった61年組は、こうやって他団体に気軽に貸し出すことができるポジションのレスラーだったのだ。

普通であれば、これはユニバーサルのリングだけでの現象で終わってしまいそうなものなのだが、はじめての女子プロレスにカルチャーショックを受けた男性ファンたちが、徐々に全女の会場へと流入してくる、という想定外の効果も生みだした。

その流れを受けて、山田敏代の長期欠場で自然消滅してしまった世代闘争に代わって、獄門党を率いるブル中野と、そこから飛び出して新たにジャングル・ジャックというユニットを結成したアジャ、バイソンの抗争劇が全女のメインを乗っ取ることになる。

つまり「ヒール対ヒール」。

女子に限らず、日本のプロレス界でこの図式が団体の看板になることは、非常に稀なケースであったが、いまや伝説となったブルvsアジャの金網デスマッチや、美形のバイソンが丸坊主にされ、男性ファンが絶句した髪切りデスマッチなど、ヒロイン不在の過激な闘いが全女の売り物となっていく。

いまや伝説となったブル中野 vs アジャ・コングの金網デスマッチ（1990 年 11 月 14 日、横浜文化体育館）。過激路線で男性ファンを獲得していった。（写真提供：東京スポーツ）

「いまとなっては伝説になっているけれど、あの時点で金網デスマッチは興行として大成功ってわけでもなかった。特に最初に大宮スケートセンターでやった試合は内容的にもちょっと、ね（レフェリーのブルドッグKT＝現在の外道が、ユニバーサルに参戦しているアジャの肩を持つレフェリングで、アジャの場外エスケープ勝ちをサポートした）。
ただ、あの試合が評判になって、週プロの表紙まで飾ったことで流れが完全に変わった。男性ファンがどんどん会場に来てくれるようになったからね。だから、人気が底を打っていた期間はそんなに長くなかった。ここから先はずっと上向いていったから」（ロッシー小川）
平成のはじまりと同時に女子プロレス界を襲った「冬の時代」は、わずか2年足らずで春の兆しを感じるまでになっていった。

ブームに繋がる3つのキーワード

対抗戦時代に突入するまでの話を、ここまで長々と書いてきたのは、まさにこの期間にこそ、のちのブームへとつながっていく重要なキーワードを内包しているからだ。

一つ目は「男性ファンの流入」。

さきほど書いたように、ユニバーサル参戦をきっかけに（のちに旗揚げするW☆INGでも、同じように提供試合が行なわれ、さらにファン層は拡大する）、男性ファンが女子プロレスを観戦することが「当たり前」の時代になった、というのは大きい。

これは平成になってから生まれた文化、である。

事実、一時期は閑古鳥が鳴くとまでは言わないまでも、南側に空席が目立った後楽園ホール大会も、満員になることが増えてきた。91年から対抗戦がスタートする92年にかけては、そういった新しい客層が定着しはじめ、のちにオールスター戦で人気が爆発する土壌が築かれていく。

二つ目は「61年組のブレイク」。

のちのち触れていくことになるが、対抗戦時代の主役となるのは各団体の61年組、ということになっていく。

もし、ここでアジャやバイソンがブレイクせずに、61年組が「狭間世代」として埋もれていってしまったら、その後の対抗戦の流れは大きく変わっていたかもしれない。

そして三つ目は「平成元年組」である。

長与千種の引退は平成元年5月、ライオネス飛鳥の引退は同年8月。毎年、新人オーディションは1月に開催されるので、平成元年のオーディションの時点では、まだクラッシュギャルズが存在し、彼女たちに憧れる少女たちが大挙して受験している。

女子プロレスは、観客である少女たちがリングで闘うレスラーたちに憧れて、みずからもリングに立つことを目指す、という「循環」が長年に渡って続いてきた。まだ女子アスリートがスポーツで生活できる手段がほとんどなかった、という時代背景もあり、全国からスポーツエリートたちが全女のリングに集まってきていた。なんにもしなくても、未来のスター候補生が毎年、大量に補充されていったのだ。

しかし、クラッシュ引退で会場から少女たちの姿が激減したことで、その循環がついに止まってしまう。どんなに男性ファンで会場がにぎわうようになっても、彼らはスター候補生にはなれないわけで、昭和の時代から続いてきたスターシステムはついに終わりを告げることになる。

その最後の世代が平成元年組であり、全女だけでなく、他団体もなかなかの豊作だった。彼女たちをいかスターにしていくのか、というのも、対抗戦時代の大きなテーマのひとつとなってくる。

これは余談だが、入門希望者が激減したことを危惧した関係者たちが注目したのが、のちにアマレス界の女王となる浜口京子だった。本人もプロレスラー志望だったこともあり、当時、アニマル浜口の奥さんが浅草で営んでいた飲食店に訪れた関係者は少なくない、と聞く。

「京子ちゃんが山田敏代のファンだと聞いたので、山田を連れて、行ったこともありますよ。

やっぱり二世レスラーってだけで期待できるし、スターになる可能性をすでに持っているわけだから、これは早いうちにスカウトしたいな、と思ったけど、浜口さんに呼ばれて『まだ京子は小学生なんで、そういうことはちょっと……』と諫《いさ》められちゃったんだけどね（苦笑）。もしプロレスラーになっていたら、時代は変わっていたのかもしれないね、これぱっかりはわからないけどさ」（ロッシー小川）

とにもかくにも昭和から平成へと時代が移り変わるタイミングで、女子プロレスを取り巻く環境は劇的に変化し、大きく潮目は変わっていったのである。

ジャパン女子プロレスという「時代の仇花」

全女の「対抗戦前史」についてはこれぐらいにして、ここからはジャパン女子プロレスについて書いていきたい。

ジャパン女子が崩壊し、ＪＷＰとＬＬＰＷが旗揚げしなかったら、対抗戦自体がスタートしていなかったわけで、その誕生と崩壊は対抗戦ブームを語る上で欠かすことができないテーマなのだ。

そう書くと「別にジャパン女子が存続していても、全女とＦＭＷの３団体でオールスター戦はできたじゃないか？」という指摘を受けそうだが、その点については追って書いていく。結論からいえば「ジャパン女子のままでは対抗戦は実現しなかった」ということになるのだが、まずは順を追って説明していこう。

ジャパン女子プロレスは1986年8月17日に旗揚げした。

1985年がクラッシュブームのピークだったことを考えれば、新規参入のチャンス、と考える人間がいても不思議ではないのだが、そこから旗揚げまでのあいだにクラッシュブームがすっかり落ち着いてしまった。旗揚げ戦の時点で、もはやビジネスチャンスを逃してしまっていたようなもので、これはある意味、悲劇である。

全女との差別化のため「女子プロレス界のおニャン子クラブ」を標榜し、おニャン子クラブの仕掛け人である秋元康までブレーンとして招聘したのだが、そのおニャン子クラブの人気も、旗揚げの時点で下火になっており、ほぼ同じタイミングで彼女たちのゴールデンタイムの冠番組『夕食ニャンニャン』が打ち切られ、おニャン子クラブ自体、翌年9月に解散してしまう。

クラッシュブームとおニャン子ブームに乗っかって団体を立ち上げたら、ふたつのブームが下火になってしまう、という笑えない事態。もはやスタートから暗雲が立ち込めまくっていた。

旗揚げ戦には提携していた芸能プロダクション「ボンド企画」から本田美奈子と少女隊が来場して、リング上で歌を披露し、さらにはアントニオ猪木まで登場する、という超豪華な演出が仕込まれていたが、ある意味、この旗揚げ戦がこの団体のピークだった。

当初の看板レスラーは元ビューティ・ペアのジャッキー佐藤、元ゴールデン・ペアのナンシー久美、という「ひとつ前の女子プロレスブーム」からの復帰組（ジャッキーは5年、ナンシーは3年半のブランクがあった）、そこに柔道日本一の神取しのぶ（現・忍）とシュートボクシング出身の風間ルミを加えた4人を「四天王」として打ち出していたが、前者2名のブランク以上に、後者2人がプロレスキャリア0のままメインどころを張る、というのは、なかなかのハードルだった。

その風間ルミが当時を振り返る。

「四天王と言われていましたけど、1年ちょっとで3人がいなくなって、私ひとりになっちゃいましたからね（苦笑）。結局、ジャパン女子って5年弱しか活動していないんですけど、そのあいだに社長が4人も5人も代わっている。いい時期なんて、まったくなかったですよね、経営的には。

私もほとんど社会経験がないまま、この世界に飛び込んできちゃったので、最初のころは大人に言われるがまま動いていた感じです。旗揚げしてすぐに歌手デビューをさせてもらって、レコード会社とも契約を結んだんですね。たしか契約金は300万円って書いてあって、すごいなぁ〜って思ったんですけど、すぐに会社の人から『今回はいろんな人たちがノーギャラで関わってくれたから、この話がまとまったんだよ。申し訳ないけど、契約金はナシということで』って言われて。そのときは本当になんにも知らないから、あぁ、芸能界ってそういうものなのかな、と納得しちゃったんですけど、契約書を交わしているんだから、契約金は確実に会社に振り込まれているわけで、あのお金、どこに消えちゃったんでしょうね（苦笑）。最初から最後まで、そんな感じでしたね」

リングアナウンサーを務めていた「ヤマモ」こと山本雅俊は、それ以外の雑務も多くこなしていた。

「とにかくお金がなかったんですよ。予算もないし、僕たちの給料もトータルで1年ぐらい出ていないんじゃないかな？　だから、いかにして経費節減をするか、ということばかり考えていましたね。金がないなら頭を使おう、と。

いまでは結構、いろんな団体がやっているんですけど、1年分の後楽園ホールの日程を入れたポスターを作ったのは、ジャパン女子が最初だと思います。毎月、新しいものを刷るよりも間違いなく安くあがるじゃないですか？　あとはパンフレットやビデオも外注には一切、出さずに自分で作りました。この経験がのちのちJWPで活きるんですよ。

金はなかったですけど、面白い会社でしたよね。のちにFMWで営業部長を務める高橋秀樹さんがいて、サンボ浅子選手も一時期、営業部にいましたね。あとFMWを経て、W☆INGを立ち上げることになる茨城（清志）さんがいて、みちのくプロレスの名物レフェリーになるテッド・タナベもいた。インディー黎明期の主要人物って、みんなジャパン女子出身なんですよ！

それに山本小鉄先生に選手の指導をお願いしていた関係で、のちにウルティモ・ドラゴンになる浅井嘉浩選手も会場や道場に来ましたね。選手っていうか、デビューする前ですよね。小鉄先生が『コイツは小さくて新日本には入れられないから、メキシコに行くんだよ』と。そのときウルトラマンロビンもいて。浅井選手もロビンも名古屋の人で、名古屋ではロビンのほうが格上だったから『浅井くん、メキシコなんか行っちゃダメだよ。これからはヨーロッパの時代だよ。ランカッシャーレスリングだよ！』と雄弁に語っていたシーンを鮮明に覚えてます、アハハハ！　いや、本当にインディーのルーツはすべてジャパン女子にあったんじゃないですかね？」

もっといえばFMWのエースになる大仁田厚も、ユニバーサルのプロレスの初代エースだったグラン浜田もコーチとしてジャパン女子に関わっていた。というよりも、この2人の遺恨試合をきっかけにジャパン女子を「男女混合団体」にしよう、という動きもあったのだが、選手とファンの猛反発を食らって頓挫。その結果、FMWとユニバーサルが誕生することになったようなものだ。そのとき涙ながらに「女子の団体として存続させたい」とリング上からアピールしたのが風間ルミだった。

「最初にハーレー（斎藤）がマイクを持って、すぐに私がそのマイクを奪って『ここは女子のリングだ！』って叫んだんです。そうしたら敵対していた尾崎とイーグルもリングに上がってきて、同じ気持ちだということで握手したんです、4人で。すると、会社側はペナルティーだ、ということで次の後楽園は4人を欠場させる、と発表したんですけど、たくさんのファンの方から抗議の電話が来たそうで、休憩前の試合に私たちは出ることができたんですよ。ファンのみなさんからは支持されましたけど、会社からは睨まれることになりましたね」（風間ルミ）

大仁田、浜田を擁しての男女混合団体計画が始動したのは、女子だけではもう限界、という判断があったから。そこに至ったのは、女子プロレス団体としての大きな仕掛けが不発に終わった、という布石があった。

幻の「全女vsジャパン女子」

１９８７年10月20日。

この日、全女の大田区体育館大会にジャパン女子の神取忍が突如、乱入。長与千種にケンカを売り、千種もこれを受けたため、ふたりの一騎打ちは誰もが確定だと思いこんでいたし、全女とジャパン女子の対抗戦に発展するのも時間の問題、と思われた。

「神取が全女の大田区体育館に乗りこんだあとに、神取と我々、下っ端のスタッフだけでの飲み会があったんですよ。そのとき神取が『しばらく全女で試合をするけど、とんでもないヒールになってジャパン女子に戻ってくるからさ』というプランを話してくれたんですよ。もう、なんだかわからないけど『すげぇ、すげぇ〜！』とスタッフがみんな興奮していたことは覚えています。これからとんでもないことになるぞ、と」（ヤマモ）

だが、両者が対戦を熱望しながらも、この話は立ち消えとなった。

「千種が神取と闘いたいというので、俺が神取と話をしたんですよ。松永兄弟も説得して、大田区でああいう形になったんだけど、乱入してきた瞬間、会場がシーンとなっちゃった。そりゃ、そうだよね。全女のファンは全女しか見ないから、神取のことを知らないんだよ。だからマスコミだけが興奮して大騒ぎになったけど、全女のファンは『えっ、誰？』で終わっちゃった。

試合が終わったあと、松永会長に『小川、ありゃダメだな。シーンとしちゃったじゃないか。これではビジネスにならねぇよ』と言われて、まぁ『なかったこと』にされたって感じかな。千種はあれでモチベーションが下がって、引退することになっていくんだけど、そもそも松永兄弟は最初から乗り気じゃなかったんですよ。

だって、ジャパン女子をライバル団体だとは思っていなかったから。完全に視界の外にあったんだよね。そんな団体と対抗戦をやる意味なんかないだろう、と。それが神取乱入でシーンとなっちゃったので『だから言ったじゃないか！』となっちゃった。じつはそれから何年か経って、持丸さんだったかな？　ジャパン女子の社長が『対抗戦をやりたい』と申し入れてきたの、事務所にまでやってきてね。そのときも即答でやらない、と。最初から最後まで、全女にとってのジャパン女子というのは、そういう存在だったってことですよ。対抗戦をやるメリットが全女にはまったくない、という認識は変わらなかった」（ロッシー小川）

「あの一件で神取は『全女は信じられねぇ』となったみたいで、のちにＬＬＰＷを旗揚げしたあとも『全女と絡む必要なんてねーよ！』って言ってましたから、よっぽど腹に据えかねたんだと思いますよ」（風間ルミ）

先ほど「ジャパン女子のままでは対抗戦は実現しなかった」というのは、こういう理由というか「事実」があったから、である。そして、ジャパン女子の崩壊のカウントダウンは着々と進んでいった。

ジャパン女子が学生プロレスに乗っ取られる？

ジャパン女子がうまくいかなかった大きな要因のひとつは、やはり全女ファンの特異性にあったのだと思う。

昭和の時代、全女のファンはけっしてプロレスファンではなかった。だからジャパン女子には、まったくといっていいほど興味を示さなかったし、武道館や大阪城ホールに詰めかけた少女たちを横取りすることもできなかった。同じ商圏である、と考えて旗揚げしてしまったのなら、そこは大きな計算違いだった。

そして、何度も書いてきたように、まだ普通のプロレスファンが女子プロレスに対して偏見を抱いていた時代。新日や全日の会場からもお客さんを吸引することは難しい。ビジネスとして成功させるためには、プロレスファン以外の新規客を掴まなくてはならず、そのためにキューティー鈴木や尾崎魔弓は、一時期、かなりの頻度で一般メディアに露出してきた。

実際に彼女たちの知名度は大幅にアップした。キューティー鈴木、という一度聞いたら忘れないネーミングセンス、さすがは秋元康だが（しかし、当初、予定されていたリングネームはアップル鈴木だった……）、知名度がそのまま観客動員に結びつかないのが興行の難しいところ。皮肉な話だが「いよいよ倒産するかも……」という噂が流れると、その直後の後楽園大会だけは「これがラスト興行になるかもしれない」とマニア層が押しかけて、盛況になった。旗揚げ戦もレアな時代だったが、団体が崩壊する瞬間を拝める機会はもっとレア。ただ、そのたびにジャパン女子は踏ん張って苦境を乗り越えてしまう。不思議な生命力、である。

まったくファンがいなかったのか、というと、そういうわけではなく、後楽園大会には必ず足を運ぶ、という一定数のマニアは存在した。

実は僕もそのひとりなのだが、女子プロレスは好きだけど、女性客で埋め尽くされた全女の会場に足を運ぶのはちょっと抵抗が……というファンにとって、そういった客層とは無縁のジャパン女子プロレスの会場はまさにオアシスだった。

プロレスヲタクをこじらせた文化人たちが『終着の浜辺』と名付けて、後楽園ホールに通いつめたりもしていたが、体も大きくなく、特段、強そうにも見えない普通っぽい女の子たちが闘う姿を愛でる、というのは、かなり贅沢な遊戯。僕はエデン馬渕にはまり、その後、穂積詩子に流れた。別に勝たなくても、がんばらなくてもいいから辞めないでね、という応援のスタンスは2019年の女子プロレスの状況にどこか似ている。ジャパン女子は30年、早すぎたようだ。

１９８７年に大学生になった僕はＵＷＦ（関東学生プロレス連盟）に加入した。その年の暮れには週刊プロレス編集部にアルバイトとして入るため、実質、半年ちょっとしか活動していないのだが、当時、ＵＷＦの世話人的なことをしていたのがウォーリー山口氏だった。さきほど「インディーのルーツはすべてジャパン女子にあった」というヤマモの証言を紹介したが、ウォーリー山口氏もまた、インディー興隆時の主要登場人物のひとり、である。

山口氏は僕たちをスタジオに連れていっては宣材写真を撮ってくれたり、本当のプロレスラーがコスチュームを作る店を紹介しては、プロ仕様のリングシューズやタイツなどを廉価で作ってくれた（ちなみに僕は足を採寸してもらったら職人さんに「君にぴったりのサイズがあるよ」とロッキー羽田がオーダーしたものの、細かい部分が合わなくてキャンセルしていったリングシューズを格安で譲ってもらった。こんなシンデレラみたいなこと、本当にあるんだな、と感激しつつ、ロッキー羽田という微妙な名前に苦笑いするしかなかった……）。

つまり、単なるプロレスごっこに「ホンモノ」のテイストを加えるお手伝いをしてくれたのだが、ある日、山口氏から号令がかかり、ジャパン女子の後楽園ホール大会に呼び出された。

そもそも当日券で行くつもりだったので「タダで入れてやる」という言葉はありがたかったが、後楽園ホールに着いて言われたのは「力のあるヤツは試合が終わったらリングの撤収を手伝え。それができないヤツはとにかく北側の空席を埋めろ！」。ある意味、無給のアルバイトのような話だった。

山口氏はこう言った。

「お前らもわかっていると思うけど、ジャパン女子の経営はかなりヤバい状態なんだよ。俺はあと数ヵ月で潰れると踏んでいる。だから、いまのうち、ジャパン女子との関係を密にしておいてほしいんだ。毎回、後楽園には来てほしい」

なんで潰れそうな団体と仲良くしなくてはいけないのか？　不思議そうな顔をして聞いていると、山口氏は呆れたような感じで「お前ら、プロレスをわかってないな」と言った。

「いいか、プロレス団体が潰れたらどうなる？　必要なくなるものがあるよな？　そうだよ、リングだよ。ジャパン女子が潰れて、リングが宙に浮いたら、俺たちがもらえるチャンスがやってくる。お前らも自前のリングが欲しいだろ？　そのためにしっかりと恩を売るんだよ！」

たしかに団体としての稼働がなくなれば、リングは無用の長物になる。業界人がもうすぐ潰れる、と言っているんだから、本当に先は短いんだろうな、と寂しい気持ちになりつつ（本当だったらお金を払って見るはずだった僕が、こうやってタダで見ていることも経営状況を悪くするよな、と心を痛めつつ……）、毎月、後楽園ホールに足を運んだが、一向に潰れそうな気配はなく、いつしか僕は週プロの記者として取材で後楽園ホールに足を運ぶように立場も変わっていた。記者として、本当のジャパン女子のラストマッチを取材することになるのは、それから4年以上も経ってからのことだった。

ジャパン女子、崩壊。そして……2つの新団体、誕生！

1992年1月26日。

ジャパン女子プロレスは埼玉県の熊谷市民体育館でその歴史に幕を閉じた。

すでに風間ルミは会社と揉めて解雇処分となっていたので、その場にはいなかった。

本来であれば週プロのジャパン女子番だった市瀬英俊記者が取材するべきだったのだが、全日本プロレスのスケジュールとバッティングしたため、代打で僕が熊谷へと向かった。

もう終わってしまう団体なので、試合レポートをしても意味がない。僕に課せられたミッションは全選手からコメントをとってくる、というものだった。

もっとも印象に残っているのはイーグル沢井が大号泣しながら「今日で引退する。専門学校に通います」と話したこと。もったいないなぁ、と思いつつも、この先の進路まで決まっているのなら仕方がないな、とそのまま記事にした。

その半年後にイーグル沢井は復帰するのだが、周囲には「週プロに引退するとデマを書かれた！」と公言していた、という。さすがにそれはこちらの信用問題にもかかわるのでやんわりと「あの日のコメントは録音してあるので、テープも残っているんですけど……」と伝えてもらうと、それ以降はなにも言われなくなった。他の選手はみんな現役続行を口にしていたので、この時点ではなんの発表もなかったけれども、すぐに新団体が立ち上がるのは目に見えていた。

「正直、感傷みたいなものはなかったですね。とにかく、これで終われるんだ、と。ジャパン女子を終わらせることができるんだ、という意味でホッとしたことは覚えています。給料の遅配や不払いも続いていたし、それが本音ですよね」

そう語るヤマモは4月にJWP女子プロレスを旗揚げする。当初は選手がまるまる新団体に移るプランもあったようだが、選手会が分裂。JWPはダイナマイト関西を筆頭にわずか7名の選手でスタート。これだと1興行で2、3試合しか組めないため、空手の誠心会館から選手を借りたり、「JWPスペシャル」と銘打って、一度、試合を終えた選手たちがメインでタッグマッチや6人タッグに再登場する、というダブルヘッダー制をとって興行のボリュームも維持していた。

「不安はまったくなかったですよ。ジャパン女子時代にいろんなことを経費削減してやるこ

旗揚げ当時のJWPの選手たち。オーディションに合格した新人選手の入寮記念に撮られた写真で、前列左から２番目にはキャンディー奥津の姿がある。（写真提供：山本雅俊氏）

と、なんでも自分でやることには慣れていたので、そのやり方を踏襲すれば、うまくいくという自信はありましたから。やっと自分がやりたかったことがやれる、という喜びのほうが大きかったですね。

本当に旗揚げには、お金はかかってないですね。団体のロゴもジャパン女子時代のパンフレットの表紙に使った題字の流用ですから（笑）。デザイナーに相談して、あれをロゴマークにしたい、と。もとからあったロゴに『PURE HEART, PURE WRESTLING』というキャッチフレーズを入れてもらっただけなんですよ。安上がりでしょ？

人数も少ないにこしたことはない、と思っていました。いまだからいいますけど、あのときのお手本は完全にUWFでした。UWFもたった6人で旗揚げして大成功したじゃないですか？　あれを見て、人数が少ないほうがお客さんの同情を誘えるというか、俺たちが応援しなくちゃいけない、という気持ちになることはよくわかっていたので、これでいいんだ、と。週プロさんに出していた広告もデザインからフォントまで、まるっきりUWFの広告と同じものを作っていたぐらいですから」（ヤマモ）

少人数での運営なので、当然のことながら人件費も安く抑えられる。唯一、弱点だったのは対戦カードがマンネリ化してしまう、という部分だったが、それも「2フォールカウントマッチ」（カウント2が入るとフォール勝ち）、「オンリーギブアップマッチ」（ギブアップでしか勝負が決しない）という特別ルールを次々と投入することで、常に目新しさをアピールし、団体としての鮮度を保つことに成功していた。

金がないなら、頭を使うという方法論はジャパン女子では焼石に水でしかなかったが、ＪＷＰでは最強の武器に化けたのだ。

一方、風間ルミは同年８月にＬＬＰＷ（レディース・レジェンド・プロレスリング）を旗揚げ。こちらはＪＷＰの倍にあたる14選手でのスタートとなった。

「もう、あのときはなんにも考えてなかったです。ちょっとした意見の行き違いで選手会が分裂してしまって、とにかく新団体を作るしかない！　という状況になっていたし、ジャパン女子が崩壊する前に退団していた３人（半田美希、穂積詩子、北村真実）もジャパン女子の経営陣が嫌で辞めただけの話で、プロレスは続けていきたいと考えていたことも知っていたから、どんなに人数が多くなってしまっても、あの子たちも呼ぼう、と決めていました」（風間ルミ）

話題を呼んだのは、風間ルミが社長に就任したこと。

これまでの慣例であれば、誰か男性の社長を立てる、というのが常識だったが、フロントに散々振り回されて嫌な思いをしてきたこともあり、苦労することを承知で風間は日本プロレス界で史上初となる「女社長」の看板を背負うこととなった。そこには他団体との差別化を図る、という意味合いもあった。

月に一度は後楽園ホールで興行を開催していたが、動員面では先発のJWPよりも少し劣っていた、というのが正直な印象。そこで心配になったのは、JWPの倍の人数を抱えて、なおかつ興行数も動員数も少ないLLPWは経営的に問題ないのだろうか、という部分だった。

「あぁ、傍目からはそう見えていたんですね。正直に話せば、月に1回、後楽園ホールがそこそこ埋まれば、お金はなんとかなりました。途中からポニーキャニオンさんが試合のビデオを出してくれるようになって、そのお金も定期収入として入ってくるようになったし、ぶっちゃけてしまえば、後楽園で月イチで試合をやったら、あとはなんにもしないでジーッとしていたほうが経営は安定しましたね。

後楽園以外にも興行はありましたけど、ウチは確実に黒字になるとわかっている小さな会場でしかやらなかったんですよ。そこはもう堅実に。でも、それ以外に売り興行が入ってくる。これがなかなか大変で……ハッキリ言うと、約束通り、お金を払ってもらえないケースが多かったんですよ。

それは私が『女社長』としてやってきた弊害ですよね。もう完全にナメられちゃったんですよ。しかも、ほとんどのプロモーターが選手時代から知っている方なので『まぁまぁ、いいじゃない』とうまくごまかされて、丸めこまれちゃって……だってほぼ満員になっている

JWPから遅れること4ヶ月、もうひとつのジャパン女子からの派生団体LLPWが誕生（1992年8月29日、後楽園ホール）。日本プロレス界初の女社長、風間ルミ率いるこの団体は、「華激ルネッサンス」を標榜し、女子プロレス界で独自の地位を築いていく。

のに『いや、思っていたほどは入っていないから』と全額払ってもらえなかったりするんですね。それで相当、損をしてきましたよ。

ただ、それを差し引いても経営に困った、ということはなかったです」（風間ルミ）

たしかに冷静に考えてみれば、多くの選手を抱えているとはいっても、ジャパン女子時代と比べれば身軽になっているし、みずからが社長を務めることで、誰か社長を立てるよりも、その報酬分だけ出ていくお金も減る。

ジャパン女子は分裂して、ふたつの団体に割れたことで、すべてがいい方向に回るようになっていたのだ。

こうして1992年8月に、全日本女子プロレスにJWPとLLPWを加えた「女子3団体時代」が到来する。

ご承知のように、この3団体はその後、激しい対抗戦を繰り広げ、一大ブームを巻き起こしていくことになるのだが、風間ルミが「そもそも対抗戦に参加するつもりはなかった」というように、この時点ではすべてはまったくの白紙状態だった。なぜ、風間がそんな頑なな姿勢だったのかは、次の章で本人の衝撃的な証言によって紐解かれていく。

そして、対抗戦時代の口火は誰も予想だにしなかったところから、ある日、突然、噴きあがってくることとなる――。

【第二章】

平成4年7月15日

——禁断すぎる「対抗戦勃発」の舞台裏

きっかけは……まさかのＦＭＷ女子！

１９９２年７月15日。

僕は全女のビッグマッチ取材のため、大田区体育館のリングサイドに設けられた記者席に座っていた。

１９８９年に「冬の時代」に突入した女子プロレスの世界だったが、それから３年が経過して、かつて女子プロレスのメッカと呼ばれた大田区体育館での興行を盛況のうちに迎えられるほど、人気は持ち直していた。メインの客層は男性ファンに移行し、井上京子、井上貴子、吉田万里子の「63年組」がスター選手に、さらには平成元年組もグングン台頭してきていた。

この日のメインは豊田、山田組にアジャ、京子組が挑むＷＷＷＡ世界タッグ選手権試合。もう試合内容は保証されたも同然の顔ぶれ。このころ、男子では全日本プロレスが「対戦カードを発表しなくても、日本武道館のチケットが飛ぶように売れる」という状況にあった。どんなカードになっても確実に満足できる、という団体への信頼感と、変なカードは組まれないだろう、という安心感が券売に直結していた。

さすがに全女では、まだそこまでのレベルに達していなかったが、もはや金網デスマッチや髪切りマッチといった飛び道具を使わなくても、大田区レベルのビッグマッチであれば満員を見こめるようになった。この日も大きな目玉となるカードがある、というよりも5大タイトルマッチという、言葉の響きは豪勢だが、後楽園レベルのカードを連ねたような構成で満員になっている。もはや全女は試合内容で勝負できるだけの陣容を誇っていたのだ。

ガラガラの会場をずっと見てきた取材記者としては、こんなにも嬉しいことはない。

だが、この日、とんでもない事件が発生する。

メインで豊田、山田組が王座を防衛した直後、いきなりFMW女子の土屋恵理子と前泊よしかが乱入。チャンピオンチームに挑戦状を叩きつけたのだ。

驚いた。

当時、僕は全女だけでなくFMWの担当記者も務めていた。

特にFMWの女子部とは深い関係にあり、土屋と前泊が加入していたヒールユニット『コンバットアーミー』の名前をつけたのは僕だったし、のちに2人が離脱して新しいチームを結成したとき『猛毒隊』と命名したのも僕だった。

というか、なにも名前がないと記事にするときにインパクトのある見出しすら作れないので、リング上での流れで新軍団ができてしまったら、そのまま控室でほぼ即興でチーム名をつけることが結構多かったが、それはなにげにお互いの信頼関係あってこそできる芸当ではあった。

だから、なにか大きなアクションが起きるときは、事前に僕の耳に入ってくるのが当たり前のようになっていた。それは全女も同様である。

だが、こんな事件が起こるとはまったく知らされていなかった。

いったい、なにがどうなっているのか？

そして、すぐに異様な空気に気がつく。これは予定調和の乱入劇なんかじゃない、と。もし、これから全女とFMWで抗争がスタートするのであれば、もっと全女サイドが「受けてやるよ！」というポーズをとるはずだ。そうでないと話が次へと進んでいかない。

しかし、土屋たちの挑発に対して、山田敏代はリング上から「お尻ペンペン」のポーズで応えた。完全に格下扱い。いや、もはや小バカにしている、というレベルだ。

そのシーンを目撃した瞬間、豊田と山田はここでFMW女子が乱入してくることをまったく聞かされていなかったのだ、と確信した。とんでもなくガチなやりとりがお客さんの前で展開されていた。

この事件をきっかけに女子プロレスは対抗戦時代へと突入していくのだが、その流れがあまりにも早すぎて、僕は土屋と前泊に「大田区事件」の顛末をちゃんと聞く機会がなかった。

1992年7月15日、全女の大田区体育館大会に突如FMWの土屋恵理子（左）と前泊よしか（右）が現れる。一部の関係者のみが知る〝サプライズ〟に場内は騒然となった。

後述するが、どんどんおかしな方向に話が転がっていったので、いつしかこの件はタブーなような案件になり、聞いてはいけないような空気になっていた。

今回、この本を作る上で、その部分をどうするかを考えた。

あくまでも「こういうことがあった」という事実だけを記して、詳細はスルーしてしまうというやり方もあったのだが、東京ドームへと繋がっていく大河ドラマの入り口を数行で終わらせるわけには、やっぱりいかない。

そこで僕は土屋とじっくり話をすることにした。大田区での乱入劇から27年、僕ははじめて土屋に「ぶっちゃけ、あのときはどうだったのか？」と質問をぶつけてみた。

土屋が全女にケンカを売ったガチすぎる「理由」

「そりゃ、小島さんも知らなかったと思うよ。あの日、乱入するってことは、ウチらも（ターザン）後藤さんにしか言っていないですから。あっ、一応、大仁田さんにも『こういうことをやりたい』と報告はしたけど、こっちすら見ないで『あっ、そう』としか言ってくれなかったから、きっと、右から左に話は抜けていって、ちゃんと聞いてはいなかったんじゃないかな？　だから、話の漏れようがないんだよ。言ったとしても、後藤さんが工藤めぐみに『こういうことがある』と伝えたぐらいだと思うな」

乱入時は本名の土屋恵理子だったが、読者にはその後、大ヒールとしてブレイクしたシャーク土屋のほうが通りはいいだろう。ここから先はシャーク土屋と表記させていただく。

その土屋がほぼ独断で全女のリングに殴り込みをかけた。そもそものきっかけはなんだったのか？　すでにJWPも旗揚げしており、ターゲットにするのは全女じゃなくてもよかったはず。だが、土屋は「どうしても全女じゃなくちゃダメだったんだよ」とその理由を怒声まじりに語りだした。

「あのころね、全女の選手が『FMWのやっていることはプロレスじゃない』とバカにしている、という話を聞いちゃったんだよね。それでカチーンときてね。ふざけんじゃねーぞ、この野郎、と。

たしかにFMWは『邪道』というキャッチフレーズでやってきたけど、だからプロレスじゃないとか決めつけるのはおかしいよね。そもそも全女が『王道』で、全女のプロレスが絶対的に正しいわけ？　百歩譲ってそうだとしてもだよ、それは客が決めることだろうよ。やってる本人たちが『私たちが王道で、FMWはプロレスとは呼べない』とか言うのはおかしくねーか？

自分にとってのプロレスラーってのは『やんのか、コラ』と殴りかかったら『やってやるよ、コノヤロー』と殴り返せる存在のこと。全女の連中にそれができるのかよ、と。それにアイツらはウチの試合をロクに見ないで、そんなことを決めつけているわけだ。お前らよ、工藤めぐみの張り手を食らったことねーだろ？　あんなに痛い張り手はないからな。おかげでいまだに奥歯はボロボロだからね、本当に。お前らさ、その強さを知った上でバカにしてんのかよ、と。だからケンカを売る相手は全女じゃなくちゃ意味がなかったんだよ。アイツらに笑われたから『やんのか、コラ』と拳を振りあげただけの話ですよ」

たしかに全女の選手がＦＭＷ女子を小バカにしているのは僕もよくわかっていた。何人もの選手から「ウチらのほうが絶対にすごい試合をやっているのに、どうしてＦＭＷ女子のページのほうが多いのか？」と何度となくクレームを受けた。

その憤りはわかる。

ただ、１９９０年から１９９１年にかけては全女よりもＦＭＷの人気が高く、電流爆破デスマッチで大仁田厚がブレイクすると、ＦＭＷに割けるページ数は飛躍的に増えた。そのページの中から女子の試合を割り振ると、タイトルマッチであればカラー２ページぐらいは軽く組めた。

僕はこのトリックを利用して、週プロのカラーページを女子プロレスが飾るのが当たり前の光景になるように、意図的にＦＭＷ女子の記事を増やしてきた。当時、工藤めぐみの読者人気は絶大だったので、そちらからの苦情はほとんどなかったのだが、全女の選手からは、数えきれないほど嫌味を言われたものだ。

そういった背景を考えた場合、ＦＭＷ女子の選手が全女に乗りこむ、という行為は想像している以上にデンジャラスだった。

「でも、怖くはなかった。こっちは男子レスラーと一緒に練習しているわけで、パワーというか腕っぷしでは絶対に負けないって自信があったから。それにＦＭＷには社訓じゃないけど『やらないで後悔するぐらいなら、恥をかいてもいいからやってみろ』みたいな精神があったから、やらないって選択肢はなかったよね。

最終的には後藤さんが背中を押してくれた。『俺が責任をとる。ケツは拭いてやるから、お前たち、堂々と行ってこい！』って。だから、ウチらは大田区に行った」（シャーク土屋）

この27年間、シャーク土屋はターザン後藤がすべてのお膳立てをしてくれたと思っていた。

しかし、事実は違っていたのである。

本当に動いていたのは大仁田厚だった！

いくら「乱入」とはいえ、事前にＦＭＷサイドから全女へ話が通っていないとシャレにならない。しかし、その話もまたトップシークレットで行なわれていた。

「俺もその場には立ちあっていないんですよ。松永会長に呼ばれて『小川、今度、大仁田のところと対抗戦をやることになったから、よろしくね』と。どうやら大仁田が直接、松永会長と話をして、そこで決まったみたいなんだよ。まぁ、このあとにもいろいろ話は出てくるかもしれないけど、松永会長がどこかで話をつけてきて『あとは小川、頼んだ』と実務を任せられるケースが本当に多かった。大変でしたよ、本当に（苦笑）。

正直、俺はピンと来ていなかった。FMW女子のトップって工藤めぐみとコンバット豊田でしょ？　2人ともつい数年前までは全女の選手だったわけで、新鮮味はないよね。最初は話題になるだろうけど、その先が見えなかった。

でも、松永会長がやるって言うんだから、やるしかない。神取のときは『これじゃビジネスにならない』って対抗戦をあっさり断っているから意外だったけど、この時点でもう大仁田はプロレス界の枠を飛び出した大スターになっていたからね。きっと大仁田が出てきてくれたことによって、松永会長は『あの大仁田厚が出てきた。よしっ、これはビジネスになる』と感じたんだと思う。違う形で話が来ていたら、どうなっていたかわからないよね」（ロッシー小川）

土屋は「ウチらの話は右から左に抜けていっていた」と思いこんでいたようだが、その大仁田が直接、全女と交渉のテーブルについていたのだ。

後日、大仁田から「俺が動かなかったら、対抗戦ははじまらなかった」という話を僕も直接、聞かされているので、これは間違いのないところだろう。

大仁田らしいな、と思ったのは「その提案者の俺を差し置いて、全女さんだけがオールスター戦で儲けているのはおかしいだろ？　FMW主催で女子プロレスのオールスター戦をやるべきなんじゃ！」と憤っていたところ。同じことを新日本の『スーパーJカップ』に対してもアピールしていたが（「ハヤブサが出なかったら、あんなに盛り上がらなかったはず。FMW主催で『スーパーJカップ』をやるべきじゃ！」と）、結局、イニシアチブを握ることはできなかった。

もちろんターザン後藤の「ケツは俺が拭く」もウソではない。

大仁田が直接動いたのはこのときだけで、いざ対抗戦がスタートしてからは、現場責任者として、全権を握っていたのはターザン後藤だったからだ。

この件に限らず、FMW女子はターザン後藤が仕切っていた。

これは後藤の妻が女子プロレスラーのデスピナ・マンタガスだったこともあって（FMWへの参戦経験もある）、大仁田はかなり早い段階で「女子のことは後藤に任せる」と、文字通り、一任してしまった。

詳しいことはこのあとで書くが、対抗戦がはじまると後藤が他団体との折衝の席でトラブルを起こすケースが多々あった。トラブルというか、話し合いの中での衝突と決裂だ。

ここはもう大仁田厚が出て行ったほうが、話はすんなりまとまるのではないか、という局面は何度もあったし、僕も直接、進言したことがあったが、大仁田はけっして首を縦にはふらなかった。

「女子は後藤に任せる、と約束してしまった。いまさら、俺が出ていくわけにはいかねーだろうよ」

自身の引退に関しては、6度も7度も約束を破ってきた大仁田だったが、こういう身内との約束には、やたらとこだわった。

女子とは関係ないが、FMWのリング上での闘いがどんどんハードコアな路線になっていったとき「これだけ軍団抗争がヒリヒリしてきているのに、アメリカンプロレスを貫くリッキー・フジのスタイルはどうなのか？」という話になったことがある。凄惨な闘いの中で、あの明るさは浮いてしまうので、もっと日本流のスタイルに寄せてもらったほうがいいんじゃないか、と。

大仁田がひとこと忠告すれば済む話なのだが、この件に関しても、けっして首を縦にふることはなかった。

「だってさ、リッキーがウチに入団するときに『お前はそのスタイルのままでいい』って言っちゃったから、いまさら意見をひっくり返せないだろ」

一事が万事、こんな感じだったので、1995年に退団するまで、ターザン後藤がずっと対抗戦の渉外担当を続けることになる。そして、後藤もまた「ケツは俺が拭く」という約束を守るために、ガチガチに硬い態度で選手を守ろうと意固地になっていくのであった。

フジテレビにすら話は通っていなかった

さて、話を大田区体育館での出来事に戻そう。

メインイベント終了後に乱入を試みた土屋と前泊は、自分たちがこういうアクションを起こす、という話が全女サイドにまったく通っていないことに気づく。

「だってフジテレビのカメラクルーに乱入を阻止されたんだよ！　入ってくるんじゃやねぇよ、とカメラでガンガンこっちを殴りながら、会場の外に出そうとする。話が通っていたら、こんなことしないよね？　おいしいシーンを撮りのがすことになるんだから。

それでもさ、こっちも諦めることはできないから、またリングに向かおうとすると、同じように力ずくで追い出しにかかる。大人が何人がかりで止めにかかるんだよって話。本当に

カメラが頭に当たって痛かったよ」（シャーク土屋）

FMWサイドでもごく一部の人間しか知らされていなかった乱入劇。おそらく全女サイドも松永会長とロッシー小川以外は、ほとんど聞かされていなかったのではないか？　当然、リング上の選手たちも含めて、である。

危うく乱入劇は未遂で終わりかねなかったが、土屋たちとカメラクルーの衝突に気が付いた全女のある選手が割って入る。

その選手もなにも聞かされていなかったので、当然、土屋たちに対して「なにしにきたんだよ！」と怒鳴った。それを受けて土屋は「見てわかんねーのかよ、ケンカを売りに来たんだよ！　リングで挑戦状を叩きつけるんだよ！」と怒鳴り返した。

そこはもうレスラー同士にしかわからない感覚なのだろうが、土屋たちの必死の形相を見て、その選手はカメラクルーに対して「いいから通路を空けてあげて！」と言い放ったという。全女の選手が機転を利かせなかったら、土屋と前泊はフジテレビのスタッフに排除され、対抗戦自体、はじまってもいなかったかもしれない。

サプライズを起こすときは、これぐらい秘密主義を貫いたほうがいい。関係者までもが腰を抜かすぐらいじゃなければ、世間を揺るがすような騒ぎにはならないからだ。ただ、それにしても、このときは情報統制が厳しすぎた。それだけ「女子プロレス史上初」となる歴史的な団体対抗戦の扉は固く閉ざされていた。こじ開けるにはシャーク土屋の『怒り』が必要だったのかもしれない。

　誰もが「ＦＭＷ女子がＷＷＷＡ世界タッグ王者に挑戦状を叩きつけた」という構図に見えたが、土屋たちの意図はちょっと違っていた。

「ウチらもそのあたりはわきまえてますよ。全女の客の『誰だ、コイツら』という視線は感じたしね。そんな誰も知らないようなヤツらがベルトに挑戦なんて大それたことはしないし、そもそもメインイベントがタイトルマッチだとも知らなかったし、チャンピオンが誰なのかもわからない。挑戦状の叩きつけようがないんだよ。

だからね、あれは全女に対して『ケンカを売りに来ましたよ』というアピールですよ。どうすんだ、お前ら。誰か、このケンカを買う度胸のあるプロレスラーは全女にはいねーのか？　ってこと。あんだけ『ＦＭＷはプロレスじゃない』とバカにしておいて、ケンカは買えないなんて、ふざけた話はねーだろう。どうよ、ちゃんと理にかなった話でしょ？　ただただ乱入したわけじゃない。これで誰も噛みついてこなかったら、全女は裸の王様ってことになる。逃げられないんだよ、もう」（シャーク土屋）

　たしかに知名度の低さばかりはどうしようもない。さっきも書いたが、この時点ではまだ土屋恵理子と前泊よしかで、コスチューム姿ではなく私服で殴りこんできている。５年前に神取忍が食らった「誰？」というリアクションに近いものがあった。

ただ、神取のときと違うのは男子プロレスを見ているファンが大幅に増えたということ。そういう客層は、これが単なる乱入劇ではなく、団体対抗戦への導火線となる歴史的な瞬間であることを理解しているわけで、さすがに松永会長も「これはビジネスにならない」という判断は下さなかった。

しかし、事はスムーズには進まなかったのである。

ＦＭＷとの交渉難航……それが生んだＪＷＰとの「縁」

結局、土屋と前泊の行為はＦＭＷ内部でも「暴走」と断罪され、それまで抗争を続けてきた工藤めぐみとコンバット豊田が、２人の暴走を止めるため、久々にタッグを結成。直接、土屋&前泊とタッグで対決し、勝ったほうがＦＭＷの９・19横浜スタジアム大会で、全女代表チームを迎え討つこととなった。

「うーん……全女との対抗戦にはけっしてノリ気ではなかったですね。ただ、土屋たちのやらかしたことのケジメは誰かがつけなくちゃいけないわけで、その役目は私と豊田なんだろうなって。だから、ＦＭＷの看板を背負っての対抗戦という感覚ではなかったかな」

そう振り返るのは工藤めぐみだ。

ロッシー小川が指摘したように、4年前までは全女の選手として活動し、対戦相手となるブル中野&北斗晶は「元・先輩」ということになる。これが同期のアジャやバイソンだったらまだしも、対抗戦以前に、こんなにもやりにくい対戦相手もいない。

そのカードが決まるまでにも、水面下での交渉は荒れに荒れた、という。

「正直な話、これはFMWとの対抗戦はできない、というところまでいってましたよ。でも、会社はもうどんどん会場を押さえているし、ファンも対抗戦を期待しているから、このまま自然消滅というわけにもいかない。

それでヤマモに電話をしたんですよ。ヤマモとは彼がジャパン女子時代から交流はあったし、こっちの考え方と近いこともわかっていたので『ひょっとしたらFMWとの対抗戦が流れるかもしれない。JWPさん、どうですか?』と」（ロッシー小川）

JWPとの対抗戦スタートは、まさに『ひょうたんから駒』だったのだ。もし、FMWとの交渉がスムーズに進んでいたら、オールスター戦への道はもう少し、ゆっくりしたものになっていたかもしれない。

突然の電話ではあったが、ヤマモは「そんなもん、考えなくてもOKに決まっているじゃないですか！　ジャパン女子のときにやれなかったことをやれるんですから」と即答したかった、という本心を明かした。

「ただ、それは僕の心の中の一発回答ですよ。これを選手たちに話してしまったら、賛否両論が出てしまう可能性もある。結果、話がこじれて対抗戦が流れてしまうことだけが僕としては怖かったんですね。

だから、小川さんから電話をいただいたあと、チエ（ダイナマイト関西）と尾崎だけを呼んで『じつは全女と対抗戦をやる話がある。2人はどう思う？』と聞いたんです。2人は『やりたい！　やるしかないでしょう！』と話に乗ってきてくれたんですけど、まだ、このことは誰にも言わないでくれ、と。『慎重に進めたいから、とりあえず2人の心の中に秘めておいてくれないか』とお願いしました。

で、ファンの前で『全女との対抗戦に乗り出します！』と宣言をする日の朝、はじめて全選手を集めて、このことを伝えたんですよ。全女と対抗戦をやります、もうこれは決定事項で、今日、リングの上からお客さんに発表します、と。このころには団体内でチエの求心力がかなり大きくなっていたので、それでもう全選手が納得してくれる。そこから先は一丸となって、対抗戦へと進めましたね」（ヤマモ）

FMW同様、JWPでも対抗戦の話はギリギリまでトップシークレットにされていた。工藤めぐみがあまり乗り気ではなかったように、全女OGはやはり古巣との対戦に思うところ

全女のロッシー小川（右）とJWPのヤマモこと山本雅俊（左）。団体の枠を越えた協力体制を築き、のちの団体対抗戦ブームの裏の立役者となった。（山本雅俊氏提供）

があって当然。ＪＷＰにはデビル雅美が、ＬＬＰＷにも立野記代が所属しており、そこは慎重になって然るべきところだった。

８月の段階でＦＭＷとの抗争が幕を開け、ＪＷＰも全女との対抗戦を宣言した。あとは旗揚げを目前に控えたＬＬＰＷが揃えば、国内の女子プロレス団体がすべて揃うことになるのだが、もうひとつ、デリケートな問題が横たわっていた。

ＬＬＰＷからの対抗戦オファーを断っていた松永会長

ＪＷＰとＬＬＰＷは、ほんの数カ月前に袂を分かったばかり、である。直接対決は当然、ありえないにせよ、同じリングで「全女vsＪＷＰ」と「全女vsＬＬＰＷ」が行なわれた場合、両団体がひとつの会場に揃ってしまうことになる。

これは厄介な問題である。

ＬＬＰＷだけがこの流れに乗ってこなかったのは、やはりＪＷＰとの感情的なしこりがあったからではないのか？

その部分について風間ルミにストレートに尋ねてみると、彼女は「全然、違います！　むしろ話は逆なんですよ！」と当時の裏事情について語りはじめた。

「旗揚げする前に私は全女さんの事務所に挨拶に行っているんですね。８月に旗揚げすることになりました、よろしくお願いします、と。松永会長がいらっしゃったかな？　あっ、ウチは対抗戦の交渉に関して、ロッシー小川さんとはまったく絡んでいないんですよ。

そのときに私のほうから提案したんです。『今、団体対抗戦がはじまっているじゃないですか？　ＬＬＰＷもぜひ参戦させていただきたいと思っています』と。

一度、裏切られている神取は『全女とはやらなくていい』という考え方でしたけど、やはり社長という立場から見ると、この流れに乗ったほうがいいと思ったんですよね。それに結果的にふたつに別れることになってしまいましたけど、私はＪＷＰに対して、嫌うとか憎むような感情はまったくなかったんですよ。別に同じリングにあがることにも抵抗はなかったんです。

ただ、この話をしたときに松永会長は『うーん……それはいいや』とおっしゃったんですね。熟考することもなく、別にどうでもいいですよ、みたいな感じで。さすがにえっ？　となりましたよ。こちらから対抗戦に協力したいと申し入れているというのに『それはいいや』とあっさり断られたら、やっぱり……ねぇ。

それを聞いた神取も『だから言っただろ？　全女とやる必要なんてないんだよ！』とさらに態度を硬化させちゃったし、私も『こうなったら、もう独自の路線を突き進むしかないな』

と腹を括りました。こっちから言って断られているんだから、もう全女からオファーはないだろうし、自分たちの道を進もう、と」（風間ルミ）

積極的にＬＬＰＷから対抗戦を切り出したことにも驚くし、その話を興味なさげな返事で蹴ってしまう松永会長にも驚かされる。１９９２年８月の時点で、全女にはまだオールスター戦をやる意志がこれっぽっちもなかった、というのも、なかなか痺れる新事実である。

もうひとつ驚いたのは風間ルミの「ＪＷＰと同じリングに上がることに抵抗はない」という発言。分裂から半年ちょっとでこんな気持ちになれるものだろうか？

「いや、本当にそうだったかもしれません。もうちょっとあとの話になりますけど、ＬＬＰＷさんが東京体育館でビッグマッチを開催したじゃないですか？（１９９４年７月14日。メインは神取忍vsブル中野のチェーンデスマッチ）。たしかにあのときＬＬＰＷさんからウチに参戦要請があったんですよ。

ただ、風間さんとかＬＬＰＷのスタッフから直接、ウチにオファーがあったわけではなく、ウチのスポンサー筋の偉い方を通して『ＬＬＰＷ初のビッグマッチなので、なんとか華を添えてもらえないだろうか？』という電話があっただけなんですよ。ビジネスとしてはうまい、というか、正しいやり方ですよね。スポンサー筋からの話は断りにくいですから。

でもね、僕は即答で断りました（笑）。だって、僕はＬＬＰＷのリングにＪＷＰのレスラーが上がることに激しく抵抗がありましたから。あちらはなかったとしても、こちらにはありまくりでしたからね。そんなの当たり前じゃないですか！

まぁ、これは僕の悪いところでもあるんですけど、そういうところは新間寿さんの影響を受けまくっているんですよ。影響というか、僕は女子プロレス界の新間寿になりたかったんでしょうね。新間さんって、昔は全日本プロレスや馬場さんのことを痛烈にｄｉｓっていたじゃないですか。『今はプロレスブームではない。新日本プロレスブームである』とかね。そうやって他団体に対して、憎しみが感じられるような言葉でケンカを売り続けるのが表に出ているフロントの役割だと思いこんじゃっていたんですよ。

そういう意味ではＬＬＰＷのことをすごく意識していました。旗揚げしてから、大会名にやたらと『おんなたちの〜』というフレーズを使ってきたので、あぁ『女』を前面に出していくんだな、と。これは『しめた！』と思いましたね。ウチとはまったく逆の路線なんで、いい意味で差別化ができるな、と。もちろん、負ける気なんてまったくしませんでしたよ」

（ヤマモ）

傍目から見たら、どんどん各団体が参戦を表明していって、翌年のオールスター戦まで順調に話が進んでいるようにしか思えなかったが、実際にはなんの問題もなく交渉が進んでいたのはＪＷＰだけで、最悪、オールスター戦どころか、全女 vs ＪＷＰの局地戦だけで終わってしまう可能性もこの時点ではあったのだ。

いや、それだけでも大いに盛り上がったのだろうが、業界全体が底上げされるほどの大ブームは、きっと起こっていなかった。

ロッシー小川vsターザン後藤の「裏抗争」

土屋&前泊の乱入劇を受けて、盛りあがりを見せていた全女vsＦＭＷの団体対抗戦だったが、舞台裏では話は遅々として進まず、それどころか交渉決裂の可能性まで出てきていたのだ。

「話にならないんですよ。簡単にいえば、ＦＭＷ側は『ウチを完全に同列として扱ってくれ』と主張してくるんだけど、そんなの無理じゃない？　選手の数だって、実力の面だって、どう考えたって全女のほうが上なんだからさ。

あのころ、俺は『全女がイチバーン！』という本を出したんだけど、まさにそのタイトルがすべてなんですよ。対抗戦における俺の仕事は『全女がイチバーン！』という立場を守ること。ここで一歩、引いてしまったら、全女が一番じゃなくなってしまう。だから譲れなかったし、交渉はまったく進まなくなってしまった」（ロッシー小川）

たしかにロッシー小川の言いたいことはわかる。

ただ、ＦＭＷ側の代表だったターザン後藤も、団体の看板や大仁田厚の名前を背負って交渉のテーブルについている。後藤は後藤で「全女にナメられるな！　ＦＭＷの価値を落とすな！」という強い意志を持っていたわけで、あちらはあちらで折れるわけにはいかなかった。そのことを指摘するとロッシー小川は「いまとなってはわかるけどさぁ〜、当時はそんなことを考える余裕なんてなかったよ」と苦笑いした。

松永会長案件（ＦＭＷサイドから見たら大仁田厚案件）ゆえ、どんなに揉めても「なかったこと」にはできなかった、という事情もある。2人の『裏抗争』はその後も続いていき、ついには会場の控室でターザン後藤がロッシー小川を問い詰める「ロッシー小川監禁事件」なる騒動まで巻き起こすことになる。

のちに僕も全女の選手が後藤に怒鳴られて、泣きながら控室を飛び出していく現場を目撃してしまったことがある。

普段のターザン後藤はとても腰が低く、僕たちマスコミに対しても、びっくりするほど穏やかな対応をしてくれた。リング上のイメージとはまったく違う。もし、全女の選手が最初にそういう対応をされていたと仮定して、急に豹変して怒鳴られてしまったら、たしかに恐怖を覚えてしまうかもしれない。

このことについて、工藤めぐみはこう語る。

「私たちにとって後藤さんは大先輩ですし、リスペクトもしているので、口ごたえするなんて絶対にありえなかったし、なにを言われても『はい！』と答えるのが当たり前だったんですよね。

でも、全女の選手はそういうことを知らなかったわけじゃないですか？　ウチの試合を見たこともないだろうから、後藤さんがどんなプロレスラーなのかも知らない。そんなこともあってか、ある選手が口ごたえをしてしまったそうなんですよ。その時点で後藤さんはきっとカチンと来ていたと思うんですよね、私たちが口ごたえなんてまったくしないから。さらに聞いた話だと、ちょっとそれは目上の人というか、ヨソの会社の人に対してどうなの？　というようなひどい言葉を、興奮した選手が後藤さんにぶつけてしまったそうなんです。それで怒っちゃったんですよ、きっと。

向こうからしたら『女の子に怒鳴るなんてひどい』ってことになるんでしょうけど、先に失礼なことを言ったのはそっちだし、まぁ、そこまでいったら、もうプロレスラー同士の話になるわけじゃないですか？　私たちは怒鳴られることに慣れているから、あぁ、いつものことだなって思うけど、なんにも知らない若い選手はよっぽど怖かったんでしょうね。

だから後藤さんが一方的に悪く言われることも多いんですけど、けっして、そんなことはなかったんですよ。ただねぇ、そんな話を聞いちゃうと、対抗戦、やりにくかったです。本当はリング上でキリッと相手をにらみつけなくちゃいけないし、実際、そうしていたつもりだったんだけど、内心『ごめんね。ウチの後藤さんがなんか怖い思いをさせちゃったみたいで……ホントに申し訳ない！』って思っているから（苦笑）、なかなか難しいですよね、そこは」（工藤めぐみ）

このあたりは女子団体と男女混合団体の「文化の違い」としか言いようがない。こういうことがあるから、団体対抗戦は一筋縄ではいかないのだ。

爆破のインパクトを超えた「全女」の強さ

1992年9月19日。

FMWの横浜スタジアム大会にて、工藤めぐみ、コンバット豊田組がブル中野、北斗晶組を迎え撃つ団体対抗戦第1弾が決行された。

この試合は週プロの表紙を飾ることになるのだが、興行的にはメイン扱いではなかった。大仁田がタイガー・ジェット・シンと激突する電流地雷爆破デスマッチがメイン。そろそろ爆破マッチも物珍しくなくなってきてはいたが、爆破のリングにテリー・ファンクや天龍源一郎といった超ビッグネームを引きずりこむことで、観客の気持ちを惹きつける路線へとスイッチがはじまっており、アントニオ猪木のライバルだったシンがその一発目に起用された感じだ。

セミではターザン後藤がソウルオリンピック・柔道銅メダリストのグリゴリー・ベリチェフ（ソ連）と組んで、ボクシング・元世界チャンピオンのレオン・スピンクス（彼もまた猪木と格闘技世界一決定戦で闘っている）と激突する異種格闘技タッグマッチがラインナップされ、女子の対抗戦はセミ前という扱いだった。

だが、結果的には女子の試合が爆破も、メダリストも、元世界チャンプを凌駕する絶大なるインパクトを残すこととなる。

正直、試合は全女のワンサイドゲームだった。

北斗は工藤、豊田の1年先輩だが、将来を嘱望されていた彼女は出世も早く、デビュー2年目で早くもWWWA世界タッグのベルトを巻いている。工藤たちからしたら、雲の上の存在であり、さらに2年先輩のブル中野は全女時代、手の届かないところにいた。

いかに現在、FMWのトップを張っているとはいっても、その「格の違い」は簡単に埋まるものではない。こうやって同等の立場で闘っていること自体がミラクルであり、工藤めぐみも「対抗戦という感覚ではなかった」と振り返っている。

問題は試合後だ。

3万人を超える大観衆に向かって「私たちの試合をもっと見たかったら、全女の会場に来い！」とアピール。ここまでスケールのでっかい「告知」は芸能界でも、ちょっと類を見ない。

ただ、問題はその内容ではなかった。

FMWでは「大仁田厚以外は特別な許可がない場合、マイクアピールをしていけない」という不文律が当時、当たり前のこととして存在していた。北斗とブルはそれを無許可でやってしまったものだから、ターザン後藤の怒りが爆発した。

このあとの試合に出場した後藤だったが、スピンクスのパートナーであるブライアン・セオディールがいわゆる「とんだいっぱい食わせ物」だったため、とてもスタジアム興行でのセミファイナルには似つかわしくない大凡戦に終わってしまった。

憤った後藤は勝利者賞のトロフィーをリング上で粉々にぶっ壊してしまうご乱行を見せたが、この激情の中には間違いなく北斗らのマイクアピールへの怒りも含まれていたはず。まさに踏んだり蹴ったりだった。

話題を女子にすべて持っていかれた大仁田もたいそうご立腹の様子で、翌年からはビッグマッチの会場を川崎球場に戻し、二度と横浜スタジアムを使用することはなかった。彼らにとって、横浜スタジアムは「縁起の悪い会場」となってしまったようだ。

まったくの余談だが、対抗戦の「副産物」もあった。

この日、FMWに参戦していたキックボクサー・上田勝次がムエタイの選手と格闘技戦を行なうことになっていたのだが、全女がタイにルートを持っていたため（かつてタイからの留学生を受け入れていたこともあった）、対戦選手のブッキングを全女にお願いしている。

FMWとしては、いわゆる「嚙ませ犬」になってくれそうな選手を連れてきてくれれば、それでよかったのに、全女が招聘したのは現役バリバリの超強豪だった。

とにかくガチ至上主義の全女フロント陣からしたら「えっ、強い選手を呼んじゃダメなの？」と逆に呆気にとられていたが、前座試合で凄絶なノックアウト劇を見せられても困るし、いわゆるプロレスルールで闘う気もない、という。

これは困った、となったが、当の上田勝次が「いいじゃない。強い相手だと燃えるよね！」と対戦を快諾したため、ムエタイとのガチ対決が実現。格闘技の取材もしている記者たちが「こんなこと絶対にありえない！」と興奮する一幕もあった。

この日、FMW陣営はプロレス界の常識には収まらない全女のクレイジーさを、これでもかと味わうハメになった。そして、いよいよ、そのクレイジーなリングに土屋と前泊が正式に参戦することとなる。

タッグリーグ・ザ・ベストの「裏テーマ」

1992年10月17日。

この日、後楽園ホールで開幕する全女の恒例イベント『タッグリーグ・ザ・ベスト'92』に土屋と前泊はFMW代表チームとしてフル参戦することになった。

開幕前からアジャ・コング&井上京子組と、山田敏代&豊田真奈美の2強による優勝争いになることは明白だったが、そういった星取を超えたところで、土屋&前泊の闘いぶりは大いに注目されていた。

「でもさ、後楽園ホールに着いて『あっ、ウチらはそういう扱いなんだ』と現実を見せつけられたよ。いつものように控室に向かおうとしたら『お前たちの控室はそっちじゃない！』と。みんな北側の客席の下にある部屋を使うでしょ？　ところがウチらに用意されたのは、まったく反対方向にある展示場の奥にある部屋。完全に『隔離』だよね。試合以外で選手と接触するなってことだよ。そんなに心配しなくても、暴力沙汰なんか起こさないよ（苦笑）。で、これから入場式だからって、スタッフが控室までやってきて『これをつけてくれ』と名前が入ったタスキを渡してきた。ケンカを売りに来てんのに、こんなもの、つけてられるかよ！　と突っ返そうとしたら『お前ら、タスキをしてなかったら、どこの誰だかお客さんがわからないだろ！』って言われてさ。これは痛いところを突かれたね。反論できなかったよ。でも、ウチらにも意地ってもんがあるからさ、全女のスタッフに気づかれないように、こっそりとＦＭＷのロゴマークが入ったシールをタスキに貼ってやった。それがせめてもの抵抗だよ、ウチらなりのね」（シャーク土屋）

入場式に参加するために隔離部屋から出ると、そこで全女の選手たちと初遭遇する。入場を待つたまりと、リング上だけが、全女との唯一の接点だった。

「視線を感じたね。客じゃねーよ、全女の連中だよ。あいつらさ、興味なんてないってフリをしているのに、至近距離からウチらのこと『品定め』してやがるんだよ。頭のてっぺんからつま先まで、ジーッと舐めるように見てるよ。へぇ〜、面白いじゃんって思ったね。意識しまくりじゃねーかってね」（シャーク土屋）

初戦の相手はバット吉永＆渡辺智子組。

団体は違えど、キャリアは同じ。どちらも平成元年組、である。

第1章でも少し触れたが、この「平成元年組」というのが、対抗戦時代のひとつのテーマとなってくる。

クラッシュギャルズ解散の年、全女にもジャパン女子にもＦＭＷにも、たくさんの有望株が入門している。この時点で「最後のゴールデンエイジ」と呼ばれるほど、人数も多く、スター候補生も揃っていたが、キャリア3年目を迎えても、なかなか殻を破れないでいた。

全女ではそれまで「25歳定年制」が敷かれていたので、これぐらいのキャリアになると、自動的に上の選手たちが抜けて、団体内でのポジションも上がっていくものだった。

しかし、その制度がこのあたりで事実上、撤廃となり、さらにはかつてのスター選手が続々と復帰するようになったため、平成元年組はそのあおりをまともに食らってしまった。上の選手が抜けていくどころか、どんどん増えていく。女子プロレス界に突如、出現した逆ピラミッド現象の、彼女たちは「犠牲者」だった。

「ウチらは関係ないんだよ、FMWの1期生だからさ。でも、ヨソの団体の同期たちは大変だったと思うよ。特に全女だよ。なんていうのかな、もう一生、中間管理職みたいな感じだったでしょ？　そんな流れを『あの試合』でぶち壊しにかかったんだよ。あっちはどう思っているのか知らないけれど、そういう気持ちがあったから、あそこまで徹底的に血だるまにしてやった」（シャーク土屋）

後楽園の客席は殺気立っていた。

土屋たちが攻撃すると罵声とブーイングが飛び、全女勢が反則を犯しても大歓声に包まれる。これが対抗戦でのホームとアウェーの差。それでも土屋のドロップキックと、前泊の豪快なノド輪落としには「おおーっ」と感嘆の声が漏れたことを覚えている。

結果的に渡辺智子が大流血に追い込まれたが、実はそこまでFMWが悪いことをしたわけではない。序盤こそFMWの奇襲攻撃からはじまったが、そのあとは力と技が正面からぶつかりあう、真っ当なプロレスの攻防。しかも、土屋が「男子と練習しているから腕っぷしには自信がある」と言ったように、リング上で対峙するとFMWのデカさが際立つ。

後半、スタミナ切れした土屋が攻め込まれたが、バットのニールキックが渡辺の顔面に誤爆。そのまま場外に転落してしまった2人を追って、前泊がリングを降り、その流れでのイス攻撃となったので、FMWが流血戦を仕掛けたというわけでもないのだ。

今回の取材で土屋から「あのとき、どういう気持ちで試合を見ていたのか？」という逆質問を受けた。27年前には、そんなことを聞かれた記憶はない。

「あのときは取材陣にも噛みついていたからね。デイリースポーツの宮本さんがメモもとらずに腕を組んでコメントを聞いていたから『宮本！　メモを取る気がないんだったら、ここから出ていけ！』と怒鳴ったりね」（シャーク土屋）

全女とFMWのダブル担当、しかも平成元年組はオーディションの時点からずっと取材をしてきた、という難しい立場だったが、個人的には土屋と前泊を応援していた。この試合の担当ではなかった（つまり記事を書く必要がなかった）ので、そこは少し気楽に見ることができたのだが、単発の試合ではなく、このあともリーグ戦が続いていくことを考えたら、土屋と前泊にこの先への期待をつないでもらわないと困る。

「そんな気持ちで見ていた人は少数派だろ（苦笑）。でも、これだけは言える。ああいう試合が『対抗戦』なんじゃねーの？　対抗戦という名前の『交流戦』はたくさんあったかもしれないけど、本当の意味での『対抗戦』は少なかったと思うよ。それができたのは渡辺智子とバット吉永が相手だったからだよ。渡辺智子はまだ現役を続けているけど、見ていて歯がゆいよ。もっとやれんだろ、あの日の対抗戦を思い出せよって。こっちが引退していなかったら、凶器を持って乱入してやりたいぐらいだよ」（シャーク土屋）

平成元年組にしか、できない試合。

荒っぽいし、粗もたくさんあったけど、客席を熱狂の坩堝にしてみせた異様な熱さ。ひょっとしたら、女子プロレスを大きく変える一戦になっていたかもしれない。だが、事態は思わぬ方向へと転がっていく。

ＦＭＷ途中棄権、その真相は…

初戦に快勝し、そのあとのリーグ戦にも期待が集まった土屋、前泊組だったが、まさかの発表にマット界が揺れた。

なんと土屋が左肩を負傷し、残りのリーグ戦をすべて棄権する、というのだ。これにはさまざまな憶測が飛び交った。全女には敵わないと思った土屋たちが逃げた、という声もあったが、初戦を見る限り、そんなことは考えにくかったのだが……。

「なにもないですよ。怪我しました。痛いです。試合には出られません。それだけの話。なんでブーブー言われなくちゃいけないわけ？　全女っていうのは骨が折れていても、我慢して試合をしなくちゃいけない団体なの？　わーっ、怖い、怖い。以上！

まぁ、でもさ、あれでよかったと思うよ。あのまま出続けていても、開幕戦以上の対抗戦ができたか？　と聞かれたら、それは微妙だよね。だったら、やってもやらなくても同じじゃん。だから、あれでよかったんだよ」（シャーク土屋）

その後、理由は後述するが、長谷川咲恵＆デビー・マレンコとの2連戦にだけ出場すると、それ以降、シャーク土屋はこの本の主題である東京ドーム大会にも絡まず、対抗戦時代の表舞台から消えた。

「そういう華やかな舞台は似合わないんで。どうぞ、出たい人たちでやってくださいよって感じだよね。横アリも東京ドームも、会場にすら行ってないから。興味なし！　東京ドームに出られなくて悔しくなかったか？　ぜーんぜん。むしろ休めてラッキーって気分だったよ」（シャーク土屋）

とはいえ、東京ドーム後は他団体へと積極的に参戦し、暴れまくることになる。その理由はなんだったのか？

「やっぱり『シャーク土屋』という名前を残したかったからかな。いや、違うな。ちょっと言葉がたりなかった。『ＦＭＷのシャーク土屋』という名前をプロレス界に残したかっただけだよ」（シャーク土屋）

こうして対抗戦のきっかけを作った女は早々と退場する。

そして、いよいよ４団体集結のときが近づいてきていた。

ＬＬＰＷ参入も「北斗って誰？」

１９９２年11月26日。

全女が開催した川崎市体育館大会は『ＤＲＥＡＭ　ＲＵＳＨ〜川崎夢闘争』と銘打たれた宮沢りえのシングル曲のタイトルをそのまま流用したものであるが、まさに夢が止まらない興行となった。

ついにＪＷＰが全女マットに登場。いきなりダイナマイト関西と尾崎魔弓がＷＷＷＡ世界タッグ王座にチャレンジする、というビッグカードが組まれた。

タッグリーグ戦を棄権し、このまま団体間の交流すら断絶してしまうのではないか、と危ぶまれたＦＭＷからは土屋と前泊が参戦。タッグリーグ戦で当たる予定だった長谷川咲恵＆デビー・マレンコとの２連戦が決まった（翌日、横浜文化体育館で開催されるＦＭＷの興行で再戦する）。

「この時点で翌年４月に横浜アリーナを押さえていて、そこで夢のオールスター戦をやろう、という話になっていたので、とにかく川崎はプレ・オールスター戦にする必要があった。だからＦＭＷにも参戦してもらったんだけど、翌日の試合でかなり危ないシーンがあったんだよね（前泊が長谷川を頭から真っ逆さまに落とす）。それで俺も感情的になっちゃって、勝手に『ＦＭＷとは絶縁します！』と言っちゃったんだけど、そのことが記事になったら松永兄弟に怒られてねぇ～。絶縁したらオールスター戦ができないじゃないか、と。たしかにそこは主催者である全女が折れなくちゃいけなかった」（ロッシー小川）

問題は残された１団体、ＬＬＰＷである。

先ほど触れたように、ＬＬＰＷサイドから対抗戦を持ちかけてきてくれたのに、松永会長が事実上『門前払い』してしまった、という経緯がある。いまさら出てください、などという厚顔無恥なことはできない……とは一般的な考え方。全女は堂々と招集してしまうのである。

ただ、本番は来年の横浜アリーナだ。この川崎決戦ではとにかく来場だけしてもらい、試合はしなくてもいいから「現存する4団体がひとつの会場に揃った」という既成事実を作り、横浜アリーナへの一大プロモーションにしよう、という狙いだった。

「びっくりしましたよ。つい数カ月前に『対抗戦はやらなくていいや』と言われたばかりなのに『とにかく川崎に来てくれ』って言うんですから」

ＬＬＰＷの女社長・風間ルミは述懐する。

「ウチの選手も会場にいました、というアリバイを作りたいってことなんだろうな、ということはわかったので、じゃあ、遅い時間に行って、2階席からこっそり見ていよう、と。一部のお客さんは気がつくだろうし、観戦しているところをマスコミのみなさんに写真を撮ってもらえば、それでいいじゃないですか？　ウチはもう、独自の路線を行くと決めていたので、全面的に協力するつもりなんてありませんでしたから。

だから、本当にゆっくり会場に向かったんですよ。私と神取、あとハーレー斉藤の3人で。川崎の体育館についたら、阿部四郎（悪役レフェリーとして一世を風靡。プロモーター業もやっていた）が入口で待ち構えていて『お前ら、遅いよ！　みんな待っているんだから、早く会場に入れ！』と急かすんですね。

待ってる？　みんな？　もうわけがわからなかったんですけど、そのまま体育館の一室に通されたら、そこには松永会長をはじめとして、全女の首脳陣が揃っていて。あぁ、これが『みんな待ってる』ということなのか、と。

ただ、ここで雰囲気に飲まれたら負けなので私はキッパリと『今日は観にきただけなので、2階席に座らせていただきます』と伝えたんですけど、全女さんは『いや、席を用意してあるので、そこで見ていてほしい』と。私は拒絶したんですけど『今から北斗が出るから』と松永会長に言われて。そのときは頭の中で『だから、なに?』って思っていたんですけど、阿部四郎はわざわざ目立つように花道を通って、私たちを誘導したんです。そこがリングサイド最前列で、あぁ、これが全女のやり方か、と。うまいこと利用されたなって。利用されたっていうか、完全に騙し討ちですもん」（風間ルミ）

早く会場に来い、と全女サイドが焦ったのは理由がある。

全女としては北斗晶にリングサイドの神取を挑発させる予定だった。だが、この日はタイトルマッチがたくさん組まれており、北斗の出番は第4試合。あと1時間、LLPW勢の到着が遅れていたら、その計画は白紙に戻ってしまう。会場の入り口で阿部四郎がイライラしながら待ち構えているのも当然だった。

試合を終えた北斗はマイクを握り「神取！　なに観に来ているんだよ？　本当はやりたいんじゃないのか？　だったらリングに上がってこいよ！」と挑発した。

全女の川崎市体育館大会に来場したLLPWの風間ルミ、神取忍、ハーレー斉藤。LLPWを団体対抗戦に引き込まんとする全女サイドの騙し討ちだった。（写真提供；東京スポーツ）

神取はその挑発には乗らず、腕を組んだまま、あえてニヤニヤしていた。その後、LLPW勢はエプロンサイドまで歩を進めるが、風間は「よく覚えていないんですけど、とにかく、この場を去るのが賢明だと思ったので『マイクを手渡されても、なんにも言うな』と2人に伝えたような気がします」。

たしかに場内に不穏な空気が流れ、そのまま北斗のアピールを無視できるような状況ではなくなっていた。当時の映像を確認すると、なんとかして神取にマイクを渡そうとする阿部四郎を風間がしっかりとガード。その隙にハーレー斉藤が「そっちがこっちのリングに来い。1月4日の後楽園ホールだ」と、これもあえてニヤニヤしながら返答。全員で神取を「守った」のが印象的なシーンだ。LLPWの興行の宣伝をするのがせめてもの意趣返しだったが、その場での大乱闘劇を期待していた超満員の観客からは大きなブーイングが飛んだ。ただ、これで横浜アリーナへの「予告編」にはなった。全女としては「4団体集結」の画が撮れただけで大成功だった。

大きな不信感を抱きながらも、LLPWはこれで全女との対抗戦へと舵を切らざるを得なくなった。超満員の大観衆、そしてテレビ中継のカメラの前でこれだけの騒ぎが起きたのだ。もし、やらなかったら「LLPWは逃げた」という印象がついてしまう。

それでも風間は冷静だった。

「マイクで挑発されましたけど、正直に言っていいですか？　私たちからすると『北斗って誰？』って認識だったんですよ。デビュー前から全女さんの試合は見ていましたけど、本当にわからなかった。そりゃ、ブル中野やアジャ・コングだったら有名だからわかりますけど、北斗という選手は知らなかったんです。

全女と絡む、しかも神取を出すとなったときに、私が一番、嫌だったのは神取が負けて、商品価値に傷がつくことだったんですね。それなら出ても仕方がない、と。

でも、この日、北斗という人が神取とやりたい、と言い出した。そんなによくわからない選手だったら、神取が負けることはないだろう、と対抗戦へのハードルが下がったのは事実です。まさか、あんなにビッグカードになるとは思ってもいなかったですよ、本当に」（風間ルミ）

JWP大善戦！　これで「偏見」は完全に払拭された

メインのWWWA世界タッグ戦は想像を遥かに上回る好勝負となった。

男子のプロレスでは、この時点で団体対抗戦は夢のまた夢で、新日本と全日本が外国人選手の貸し出しなどで協力体制にはあったものの、直接、試合で絡んだのは90年2月10日の東京ドームが最初で最後になっていた。新日本とUインターの全面対抗戦が実現するのは、この3年後。女子でしか見られない対抗戦にファンの心は踊り、客席はいっぱいになったのだが、そこに一抹の不安があった。

JWPの選手はどこまでできるのか？

ちょっと言葉は悪いが、旧ジャパン女子の選手たちは「全女のオーディションに落ちた人たち」が中心である。他競技からスカウトされた神取と風間は異例の存在であり、みんな、全女のオーディションに合格しなかったから、ジャパン女子でプロレスラーになった。

彼女たちの試合を見てきたファンたちは、その実力や試合巧者ぶりを知っているが、まったく見たことがない人は、どこかで「全女より下」という偏見を抱いていた。

だが、この日、あわやベルト移動か、という大接戦を演じたことで「全女とJWPは互角に闘える！」という印象がファンのあいだで浸透した。これでオールスター戦に対する期待感はイッキに高まった。

普通なら、その一点にファンの注目を集中させるのが定石なのだが、全女のやり方はちょっと違った。あえて同じ日にブル中野vsアジャ・コングのWWWA世界シングル選手権を組み、アジャがついに師匠のブルを超えて、全女の頂点に立つ、という壮大なドラマも展開させている。

川崎市体育館大会のメインを飾ったWWWA世界タッグ選手権。ダイナマイト関西、尾崎魔弓の予想を越えた奮闘に、満員の場内は大熱狂に包まれた。（写真提供：東京スポーツ）

「これはずっと変わらないんだけど、メインで対抗戦を組んだときは、なるべくセミでは全女の選手同士の大きな試合を組んだ。内容的に間違いがない試合をね。対抗戦も面白いけど、やっぱり全女はすごいな、という印象がつくじゃない？　この日だって、アジャがブルに勝って、新しい時代が到来した、ということをアピールできたし、他団体の選手にあれだけの試合ができますか？　という問いかけにもなる。そこは意識してカードを組んでいきましたよ、このあともずっとね」（ロッシー小川）

全女のトップに君臨したアジャ・コング。

対抗戦時代の寵児となったダイナマイト関西と尾崎魔弓。

そして、見ているだけで存在感を示した神取忍。

彼女たちは団体が違えども、全員が昭和61年デビュー組。ここからスタートする女子プロレス団体対抗戦時代は、その61年組が主役の新たな歴史の舞台となっていくのだった――。

【第三章】

平成5年4月2日

——本当の「ブームのピーク」は初のオールスター戦だった⁉

もうひとつの対抗戦効果で「蘇生」する女たち

プレ・オールスター戦の大盛況、そして夢のオールスター戦開催決定を受けて、1994年は正月から「対抗戦元年」の空気が各団体に充満していた。

第2章での証言通り「LLPWと一緒のリングに上がるのは抵抗がある」とJWPサイドは主張しているので、当然のことながら、全女vsJWP、全女vsLLPWの対抗戦がそれぞれのリングで行なわれる、というのがメインの流れになっていた。

この段階ではJWPには堀田祐美子と井上貴子が、LLPWには北斗晶率いるラス・カチョーラス・オリエンタレス（メンバーは三田英津子と下田美馬）が主に参戦。しっかりと団体対抗戦にも色分けができていた時代だった。

もっとも選手層の厚い全女にとっては、こうやって中堅どころが他団体に準レギュラーのような形で参戦しても、本隊の興行には影響が少なかったし、むしろ、全女ではパッとしない選手の「箔づけ」には格好の舞台となった。

事実、三田英津子と下田美馬は対抗戦がなかったら、おそらくプロレスラーとして大成しないまま終わっていただろう。

同期に差をつけられて迷走していた下田美馬は格闘技戦に乗り出したことがあった。格闘技戦といっても、空手家やキックボクサーと闘うわけではない。全女の選手同士がグローブを着け、格闘技ルールで闘う、という全女ならではの謎多き試合形式だったが、通常の試合よりも注目度は高いので、現状打破のチャンスではあった。

下田はアジャ・コングとの格闘技戦を前に、山崎照朝先生の下で特訓を積んでいた。山崎先生は極真空手出身で、あのクラッシュギャルズを指導した人物として、女子プロレスファンにはおなじみの存在。この時点でも合宿などにはコーチ役として招聘され、早朝から選手たちを徹底的にしごいていた。その練習の厳しさは、取材のために同行した僕たちも巻き添えを食らってやらされていたので、身を以って覚えている。

格闘技戦対策の特訓が終わったあと、山崎先生が「今日はよくがんばったから、食事をおごってやろう」と近くのレストランに下田を連れていき、その席には僕も一緒に来るように言われた。

実はそこに僕がいなくてはいけない理由があったのだ。

食事を終え、下田がちょっと席を外した隙に山崎先生はこう聞いた。

「おい、今日の練習を見ていて、どう思った？　正直に言ってくれ」

「いや、このまま試合に臨んだところでかなり厳しいかと……」

「その通りだ。なんとかしてやりたいけど、限られた時間の中では、俺にはもうどうすることもできない。正直、センスがないんだよ。だから、ひとつ、お願いがある。今日のことを記事にするときには、少し救いがあるように書いてくれないか？　まったくダメだ、と書いてしまったら、アイツは精神的に持たないと思う。よろしく頼むよ」

このことを伝えるために、山崎先生は僕もわざわざ食事に誘ったのだ。

同期に追いつくための起死回生策になるやもしれなかった格闘技戦も、試合をやる前からダメだという烙印を押されてしまっては、たしかに救いはない。かといって、あまり煽りたてるような記事を書いて、いたずらに期待のハードルを上げてしまったら、もっと本人がかわいそうだ。いったいどんなページを作ればいいいんだろう、と頭を抱えてしまったことをよく覚えている。

結果、下田はアジャに惨敗。裏拳を食らって前歯が吹っ飛ぶ、という凄惨な試合となったが「あぁ、これで最後のチャンスが潰えたな……」というのが正直な感想だった。

そんな「落ちこぼれ」が対抗戦によって蘇生した。

ある種、選手を他団体に派遣し、そこで化けた選手が全女のリングに戻ってきたときに「格上げ」できる、というのは理想的なシステム。選手層が厚すぎるゆえ、スター候補生たちに埋もれて、そのままブレイクできず、中堅をキャリアハイにリングを去っていく選手が

全女ではくすぶっていたラスカチョーラス・オリエンタレス（左が三田英津子、右が下田美馬）も団体対抗戦で輝いた選手。後期はJWPを戦場と化した。（山本雅俊氏提供）

山ほどいたことを考えると、もうひとつ活躍の場を増やせる対抗戦は、全女本隊のかさ上げには最高の舞台となった。

どの団体にも「余裕」がある中での開戦

そうやって選手を派遣できたのも、全女に「余力」があったからだ。

プロレス界における団体対抗戦は、最後の最後に使う「禁断の一手」というイメージがある。窮地に立たされた団体が、他団体との対抗戦に打ってでることで、金銭的にも観客動員的にも余命を延ばすための一策。かなりの劇薬で、その効果は絶大だが、効き目は長く続かない。つまりは「終わりのはじまり」になるケースが多かった。

しかし、90年代の「女子プロレス対抗戦ブーム」に関しては、そのパターンには当てはまらない。

第1章での証言を読んでいただければわかるように、ジャパン女子から分派したJWPとLLPWは、ジャパン女子の放漫経営ぶりを間近で見てきた人間がフロントとして運営していたため、同じ轍を踏まないように堅実な経営をしていた。別に対抗戦がスタートしなくても困るようなことはなかった。

ＦＭＷに至っては、大仁田厚の人気がピークに達していたタイミングで、１９９３年には恒例の川崎球場大会に加えて、夏には西宮球場でのビッグマッチを敢行。新日本プロレスが全国のドームで興行を打つことに対抗するように、数万人規模の会場を着実に満員にしており、もはやインディーとはいえないような規模にまで拡大していた。

そして、全女も完全に「安定期」に入っていた。

「千種が引退してから、だいたい3年で戦力が整ったというか、もう大田区体育館レベルであれば、普通に満員になるようになってきた。試合内容も充実していたし、まぁ、なんの問題もなかったんだけど、もう1ランク上の会場をいっぱいにしようと考えると、なかなかそれは難しい。だからこその対抗戦だったんだと思うよ」（ロッシー小川）

堀田と貴子が参戦するようになったＪＷＰも、意外なことを考えていた。

「ぶっちゃけた話をすれば、ウチとしては、堀田選手と貴子選手だけ参戦していただければ、もうそれ以上はなにも望んでいなかったんですよ。

あの選手も、この選手も、と上げていけば、そりゃ、お客さんもたくさん入るだろうし、話題にもなる。でも、それをやってしまうと、飽きられるペースも早くなるわけで、それだけは避けたかった。

僕の頭の中では、堀田選手と貴子選手だけで1年間、対戦カードを回していけるな、という手ごたえがあったんですよ。全試合、参戦するわけじゃないじゃないですか？　後楽園と地方の大きな試合だけだから、年間で10試合ちょっと。それだったら、うまく回せたはずなんですよ。ひととおりのカードをやってしまったら、今度はウチの選手とタッグを組ませてみる、とかね。それで1年間、回した上で、翌年から別の全女の選手にあがってもらって、次の1年のターンがはじまる。そのペースで行けば、ずっと続けていけるじゃないですか？　僕は完全にそのつもりでいたんですけど、たくさんの選手が交流するようになってしまったのは、完全に全女さん側の『都合』ですね。僕はその『都合』を知っていたので、断ることはできなかったんですよ」（ヤマモ）

ここでいう「全女の都合」は追って説明するが、とにかくＪＷＰはスローペースで対抗戦を進め、その分、長く続けていきたい、というスタンスだった。

ＪＷＰとは絡むことがなかったＬＬＰＷだが、オールスター戦がはじまる前の段階から、ＦＭＷにはスポット参戦していた。

ちょうど大仁田厚が地方巡業中に倒れ、1カ月以上、欠場することになってしまったタイミング。緘口令が敷かれて、情報が洩れることはなかったが、大仁田は一時、危篤状態に陥り、生死を彷徨うほどの危険な状況だった。それでも先々まで興行は決まっているので、大仁田は近いうちにカムバックする、という体で試合を続けていかなくてはいけなかった。

３月５日には後楽園ホールで日本人のみの興行が開催された。通常、ＦＭＷの興行における女子の試合はだいたい２試合程度だったのだが、この日に限っては全８試合中４試合が女子の試合。そのうちの２試合が全女とＬＬＰＷが参戦しての団体対抗戦だった。

ＦＭＷ女子の陣容が弱いこともあり（工藤と土屋は対抗戦に参加せず、シングルマッチで対決し、土屋が勝利）、女子プロレスファン的にはあまり話題にはならなかったが、ＪＷＰ以外が参戦するプチ・オールスター戦が横浜アリーナの１カ月前に後楽園で開催されていたのだ。

大仁田が欠場した３月シリーズでは、札幌、仙台といった大きめの地方大会にもＬＬＰＷ勢が参戦し、大仁田抜き興行のピンチを救っている。ある種の『互助会』的な働きが女子プロレスの対抗戦にはあったわけだ。大仁田が交渉に動いたことで幕を開けた対抗戦が、大仁田の危篤状態でピンチに追いこまれたＦＭＷを救ったのだから、世の中、うまいことできているものだ（大仁田は意識がないため、このマッチメイクには直接、指示を出していない）。

「この対抗戦は１年で終わりにする！」

こうして幕を開けた１９９３年だったが、僕はどこかに危機感を抱いていた。

それはヤマモの証言とまるっきり同じことで「こんなペースで対抗戦が行なわれていったら、早晩、飽きられるのではないか？」と。

クラッシュ解散で一度、ドン底まで落ち込んだ女子プロレス人気がここまで回復したのは喜ばしいことなのだが、コツコツと積み重ねてきた人気が、対抗戦ブームの名の下におそろしいスピードで消費されてしまったら、ここまでの苦労がムダになってしまいそうな恐怖心があった。

ただ、そんなことを誌面で書いてしまったら、せっかくの好景気ムードに水を差すことになる。専門誌は業界と一蓮托生、である。思ったことをなんでもかんでも書けるわけではない。それでもスレスレのラインを突いてきたからこそ、週プロは読者から熱い支持を集めていたのだろうが、なかなか精神的にはしんどい仕事だった。

一度、この危機感をロッシー小川にぶつけたことがある。

おそらく全女の後楽園大会が終わったあとだと思うが、当時、水道橋駅から後楽園ホールへと向かう陸橋のふもとに建っているビルに焼肉屋が入っており、よく足を運んでいた。

当時、僕はまだ24歳で、ロッシー小川も34歳。とにかく若かったし、どんなに疲れていても、とりあえず肉を食っていれば乗り切れる、という、なんとも昭和チックな過信があり（この時期にムチャをしたことで、のちのち内臓が壊滅状態になるのだが……）、なにかにつけて焼肉を貪り食うか、全女の事務所の近くにあったステーキハウス『B&M』で深夜に分厚いステーキを食いまくった。

全女の事務所の近くにあった、という表現はちょっと語弊があるかもしれない。この店はちょっと離れた場所に移転し、いまでも絶賛営業中で、至近距離に建っていた全女の事務所は跡形もなくなってしまった。もっといえば、週プロ編集部もいまでは水道橋にはない。四半世紀が経過すると、ここまで状況は変わるのだ。

このとき、ロッシー小川はこう断言した。

「小島くん、心配しなくても大丈夫だよ。この対抗戦は1年で終わりにするつもりだから。それ以上、やったら飽きられるしね。だから、この1年間で新しいスターを作る必要がある。各団体の平成元年組ですよ。ウチだったら長谷川咲恵、JWPの福岡晶、LLPWの紅夜叉。このあたりが1年後、メインイベンターに成長していたら、イッキに業界全体の世代交代ができるでしょ？　そのための対抗戦だと思っているから」

そして、前年にブル中野を破り、全女のトップに君臨したアジャ・コングに豊田真奈美が肉薄するようになれば、ガラリとリング上の風景は変わる。要するに1年かけて、各団体のスター選手を入れ替えて、新時代を作ってしまおう、と。そこから先はそれこそ1年に1回、オールスター戦を大きな会場でやればいい。そんなことを熱弁された。

なるほど、と納得した僕は、その後の誌面作りで各団体の平成元年組を前面に押し出すようになった。ところがのちにロッシー小川は「俺、そんなこと言ったっけ？」と、びっくりするようなことを言い出すのだ。

「いや、本当にそんなことを言った記憶はないんだよ。ただ、小島くんがそこまで鮮明に覚えているんだったら、やっぱり言ったんだろうな。言った、というか、きっと、横浜アリーナの前の段階では、俺はそう考えていたんだと思う。でもさ、状況は変わるじゃない？　俺の知らないところで、会社はどんどん大きな会場を押さえていくしさ。目玉カードがあってのビッグマッチじゃなくて、会場を押さえちゃったから、それに合わせてカードを組んでいくしかない。もう、どっかで1年後より先の予定も決まっていて、俺が『1年で終わりにする』と考えていたことは、現実的に不可能になっちゃったんだよ」（ロッシー小川）

この無計画ぶりも全女イズムだが、先ほど、ヤマモの証言にあった「全女さんの都合」がここにも関わっている。

ご承知の方も多いと思うが、全女の首脳陣は株の投資や不動産の売買といったマネーゲームに躍起になっており、もはやプロレス興行よりも、そちらのほうで頭がいっぱいになっていた。当初はうまくいっていたものの、どんどんマイナスが膨らんでいき、資金繰りに四苦八苦するようになる。対抗戦ブームで会場は超満員になっても、会社自体は常に火の車の状況が続いていた。

「だからビッグマッチを連発するしかなかった。手形の締日が全部、ビッグマッチの翌日に設定されていたんだよね。武道館とか国技館がいっぱいになれば、その収益を銀行に入れれば、ギリギリのところで手形は落ちない。逆にいえば、ビッグマッチの集客に大失敗したら、もう、その時点でアウトだった。やるしかなかったんだよね」（ロッシー小川）

ものすごくスケールのデカい自転車操業、である。

そういった「全女の都合」を理解していたJWPは、そのビッグマッチに協力することになり、当初、描いていた「スローペースの対抗戦」は絵に描いた餅で終わってしまうのだが、ロッシー小川の発言と併せると、やはり「1年間が限界」というのは共通した認識だったようだ。

ところがこの話を風間ルミにすると、驚きすぎてフリーズした。

「あの時点で、そんな話をしていたんですか？　いやいや初耳ですよ！　そもそも若い選手をたった1年で大スターにするなんて無理ですから。全女さんのやり方だったら可能なのかもしれないですけど、ウチではちょっと考えられないこと。いまになって聞かされてびっくりです」（風間ルミ）

たしかにジャパン女子時代、まったくプロレスの経験もないままにエースの一角に据えられ、その後、苦労することになった風間ルミからしてみたら、スターの促成栽培にはとてもノレないだろう。そういった意志の確認もまったくされないまま、対抗戦のカードが組まれていったことも衝撃だが、とにもかくにも、この期に及んでもまだ、団体間の信頼関係はかなり危ういものだったことはわかる。

そして、僕も「1年で終わる」というロッシー小川の言葉を信じて、それこそ、ここからの1年間で燃え尽きるぐらいの勢いで取材とページ作りに没頭した。まったくの個人的な事情だが、当初、僕は1993年の3月に結婚するつもりで式場まで予約していたのだが、FMWの横浜スタジアム大会で対抗戦がスタートするタイミングで破局。簡単に言えば「私と仕事、どっちをとるの?」で僕は仕事をチョイスしてしまった。その仕事で大きなウエイトを占めていたのが女子プロレスだったわけで、幸せで穏やかな生活を捨てて、この対抗戦時代を追うことを決めたようなものだ。

だからこそ、余計に危機感や不安を覚えていたのかもしれない。

僕がもともと式場を押さえていた日、皮肉なことに全女は後楽園ホールを押さえていた。

横浜アリーナ前、最後の後楽園大会は全女の決起集会のような趣となり、館内は異様な熱気に包まれた。

本来、記者席ではなく高砂に座っているはずだった僕は、覚悟を決めて、その光景を眺めていた。この時点では、まさか半年後に「対抗戦は1年で終わる」という約束が反古にされてしまうなんて、これっぽっちも思っていなかった。

まさに「夢」のオールスター戦、実現！

１９９３年4月2日。

ついに女子プロレス史上初のオールスター戦が開催された。

会場は横浜アリーナ。

４年前に長与千種の引退興行がおこなわれたときは「もう、女子プロレスがこの会場で興行をやれる日は来ないんだろうなぁ……」と絶望にも近い想いを抱いていたのだが、思いのほか、早くその日はやってきた。

そして、長与千種までリングに戻ってくる。

あくまでも現役復帰ではなくエキシビションマッチ。対戦相手はデビル雅美。５月に公開される主演映画『リング・リング・リング』のプロモーションと、全女の25周年記念を兼ねたスペシャルワンマッチだったが、もうリングに立つだけで映えまくってしまう。

じつは引退試合が終わったあと、まだぺーぺーの新人記者だった僕のもとに長与千種がやってきて、耳元でこう囁いた。

「近いうちに戻ってくるからさ。それまで女子プロレスを頼んだよ！」

その言葉は常に頭のどこかにあったけれども、全女担当記者として、まさか横浜アリーナで再会できるとは思っていなかった。冬の時代が始まったあの場所から、ぐるっと一周まわって、新しい黄金時代がはじまろうとしている。

そういえば全女の平成元年組は、千種の引退試合がはじまろうとしていたときに「新人は全員、売店に行け」とリングから引きはがされ、全員、号泣しながら、試合中で誰もやってこない売店で留守番をさせられていた、という。

オールスター戦の第1試合を飾るのが、その平成元年組の長谷川咲恵と伊藤薫だった。歴史は巡る。

対するはJWPのプラム麻里子と福岡晶。長谷川と福岡は9日後の大阪府立体育会館でシングル対決が決まっている。この時点では、まだロッシー小川の頭の中には「対抗戦は1年で終わり」という考えがあったはずで、あの日、1年後のスター候補として名前があがっていた2人が第1試合で対戦することには深い意味があった。1年後、このふたりが大会場でメインを張っていたら、ひとつの物語は完結する。

ただ、この日に関しては試合内容なんてどうでもよかった。

後楽園ホールすら埋められなくなっていた女子プロレスが、横浜アリーナをフルハウスにしてみせた。

男子では実現不可能な「夢のオールスター戦」という響きに、はじめて女子プロレスの会場に足を運んだファンも少なくないだろう。ギッシリと客席が埋まった光景は壮観で、もう、それだけで涙が出そうになった。

第2章の証言では、まるっきりオールスター戦に関わっていないようなことを言っていたシャーク土屋も、じつは横浜アリーナのリングに立っている。ただ、第2試合で言葉は悪いが大勢にはまったく影響しないカード。覚えていなくても不思議ではないし、おそらく「FMWだけ1試合というわけにはいかない」という全女サイドの忖度がはたらいてのマッチメイクだったと思われる。だんだんとそのあたりの気遣いはなくなっていくのだが、さすがに初のオールスター戦では、さまざまなバランスが気遣われていた。

しかし、肝心なところがルーズだった。

それは時間、である。

普通に試合をやっているだけでも長くなるのは目に見えていた。これは女子プロレスあるあるだが、彼女たちはとにかくひとつの試合で自分の持てる技をすべて出し切ろうとする。ビッグマッチになると、その傾向はさらに顕著になって、ひとつひとつの試合が長くなり、その積み重ねで興行がとてつもなく長くなってしまう。

さらにこの日はオープニングセレモニーがあり（もちろん、これは必須であり、歴史的な瞬間でもあるのだから長くなったってかまわない）、さらにOGが集結する全女の旗揚げ25周年記念セレモニーまであった。長くならないはずがないのだ。

ただ、その長さが想定を遥かに上回るものになってしまった。日付が変わり、終電がなくなってしまう時間まで闘い続けるなんて、誰が予測しただろうか？

2人のスーパースターが生まれた瞬間

すべてが目玉カードのようなものだったが、事実上の「3大決戦」は次のカードとなる。
堀田祐美子vsダイナマイト関西
北斗晶vs神取忍
山田敏代、豊田真奈美vs工藤めぐみ、コンバット豊田
言い換えれば「全女vsJWP」「全女vsLLPW」「全女vsFMW」がラスト3試合に並んだことになる。まさに絶妙のバランスだ。
堀田と関西の一騎打ちは人生の大河ドラマ。

昭和60年、全女に入門してエリート街道を邁進してきた堀田と、そのオーディションに落ちて、翌年、旗揚げされたジャパン女子プロレスに活路を見いだそうとした関西。本当だったら、全女の「60年組」として同期になっていたかもしれなかった２人が、それぞれの８年間を生きて、オールスター戦の舞台ではじめて一騎打ちをする。

ものすごくスポーツライクな背景があり、ＪＷＰが標榜する「ピュアハート」にも合致する好勝負。これがセミ前なのだから、なんとも贅沢なカード編成だった。

そこから一転して、セミの北斗vs神取は殺気立った試合に。

「ＪＷＰはピュアなハートで対抗戦をやってましたけど、ウチの場合は川崎で騙し討ちにあって、最初からケンカ腰でしたからね（苦笑）。神取はもともと全女との対抗戦には乗り気じゃなかったけど、話が動きだしてからは別にごねたりはしていなかったんですよ。

ただ私は社長として、神取を出したくはなかったんですよ。ウチのエースですから。でも、全女はどうしても北斗と神取を闘わせたかったんでしょうね。それはすごく感じました。私たちも『北斗って誰？』って感じだったし、全女も北斗をなんとかしたかったんじゃないですか？」（風間ルミ）

いまだに語り継がれる壮絶なケンカマッチ。

横浜アリーナは広いので、本当はそんなことはないのだが、なんだか北斗の血の匂いが客席まで漂ってきそうな雰囲気。そう錯覚してしまうほど、北斗の出血量はハンパなかった。時間が夜11時を回り深夜の決闘になってしまったことが、より「禁断」のムードに拍車をかけたような気がする。

サブレフェリーとして場外戦を裁いていたのが、まだ大学生だった僕に「もうすぐジャパン女子プロレスは潰れるから、リングをもらっちまおうぜ」と語ったウォーリー山口氏だったのも、また不思議な因縁を感じさせてくれた。あの言葉からジャパン女子が本当に潰れるまでには4年近くかかったが、こうやって選手たちはしぶとく生き延びている。本当にプロレスというジャンルは長く見れば見続けるほど、そして長く関われば関わるほど面白い。

最終的にはふたりが拳で殴り合い、フラフラと覆い被さった北斗のフォール勝ち。そこに女子プロレスらしい華やかさもなければ、技の攻防もなかった。男子の試合でも、こんなに武骨なフィニッシュ、見た記憶がない。

第2章でシャーク土屋が語ってくれた「対抗戦の定義」がもっともしっくりくる試合だった。交流戦とは一線を画した殺気と緊張感。初のオールスター戦にして、早くも「もうこれ以上、緊迫した試合はできないだろう」という決定版が出てしまった。

負けた神取だが、得たものも大きかった。

これまで「柔道日本一」という肩書が、ジャパン女子時代にジャッキー佐藤にシュート

凄惨なケンカマッチとなったセミファイナルの北斗晶 vs 神取忍。北斗はこの一戦で一夜にして女子プロレス界のスーパースターに駆け上がった。（写真提供：東京スポーツ）

マッチを仕掛けた一件などから「神取忍最強説」はプロレスマニアのあいだでは囁かれてきたが、それを実証することは難しく、なんとなく「都市伝説」的な扱いになっていた。それがこの試合で「やっぱり神取はすごかった！」ということが実証され、プロレスラー・神取忍のバリューは一気に高まることとなる。

そして、その神取に勝った北斗の株はもっと上がった。

この試合を機に「デンジャラスクイーン」の称号を得た彼女は、対抗戦時代の主役に躍り出るだけでなく、唯一無二のカリスマとしてファンから崇められるようになる。

ひとつの試合でふたりのスーパースターが誕生する、というのは稀な例である。だからこそ、この試合を目撃した人たちは26年が経過した今でも、そのインパクトを忘れずに語り継いでいくし、会場に足を運べなかった人たちの記憶は「夢のオールスター戦のメインイベントは北斗vs神取だった」という幻影で上書きされていくことになる。

深夜0時。そのとき、工藤めぐみは…!?

事実上のメインイベントは北斗vs神取だったが、実際にはそのあとに山田、豊田vs工藤、豊田のタッグマッチが組まれていた。

おそらく北斗vs神取戦はどう転んでも凄惨な試合になることが予想されたため、メインを締めるにはふさわしくない、という判断もあったのだろうし、なによりも対抗戦の扉を開けてくれたFMWに対する敬意を表しての忖度が働きまくった試合順だった。

そのあたりは工藤めぐみもよくわかっており「オールスター戦のメインを任せられた、という意識はなかったですね。あくまでも『最後の試合』に出るってことで」と語ってくれた。

そして、超満員だった会場にわずかに空席ができはじめた。

メインが開始されたのは深夜11時50分。終電に飛び乗るため、泣く泣く会場をあとにする観客がひとり、またひとり。

「なんかモニターに終電の案内とかが出て、へぇ〜、こんなこともあるんだなって」と他人事のように振り返るのは「主催者側」のロッシー小川。想定外のこととはいえ「もうそうなってしまったら仕方がない」と達観するのも全女イズム。

ちなみにこの大会のタイトルは『オールスター・ドリームスラム』だったが、サブタイトルは『全女イズ夢☆爆発！』。本当に悪い意味での全女イズムが爆発してしまった。

もうひとつ、ちなんでおくと1979年に実現した男子のオールスター戦は東京スポーツが主催し、実質的なオールスター戦となった1990年の『日米レスリングサミット』はWWF（当時）、新日本プロレス、全日本プロレスの共催として行なわれている。

だが、このオールスター戦はあくまでも全女の主催興行。他団体との話がまとまる前から横浜アリーナを押さえてしまっていたので致し方ない部分もあるが、共催にするなり、別に主催者を立てるなりしていれば、日付をまたいでしまう、という年末のカウントダウンイベント以外ではまずありえない状況は避けられていたはずだ。

気の毒なのはメインに出場する4人、である。

観客はセミでもう満足してしまっているし、もう試合の行方よりも、別のところに興味が集まってしまっていた。

11時50分にゴングが鳴った、ということは10分経過で日付をまたぐことになる。この顔合わせだったら、間違いなく10分は超えるだろう。終電も諦めて、会場に残っていた観客は、もうこの異常な状況を楽しむことにシフトしていたようで、試合開始からずっと館内の空気はふわふわしていた。

相当、試合をやりにくかっただろうと思いきや、工藤めぐみの回答は意外なものだった。

「後楽園ホールとかだったら、お客さんの歓声とか反応もわかるんですけど、横浜アリーナになると、もうわからないんですよ。だから、日付を越える瞬間にお客さんがみんなでカウントダウンをしていた、というのは後で聞いて、はじめてわかったんですよ（苦笑）。

いや、なんか客席が沸いているのはわかったんですよ。でもね、あの瞬間、私は変形の逆エビ固めみたいな技をかけていて。あれって、あの試合ではじめて使ったんですよ。だからね『あっ、私の新技でお客さんが沸いてる!』って（笑）。本気でそう思っていました。後から気の毒だった、とか、いろんな人に言われましたけど、やっているときはそんな感情はまったくなかったです」（工藤めぐみ）

他の団体の選手とは違って、3万人以上の会場での試合経験も豊富なFMWならではの感想なのかもしれない。ほかの出場選手の多くが1万人以上の大観衆の前で試合をするのははじめてだった。その点、FMW勢はある意味、日常に近い感覚であの場に立つことができたことになる。

試合後、山田と豊田が悔しくて大号泣している姿を見た記憶はあるのだが、あの日、僕たちは選手たちのコメントを録っている余裕もなかった。週プロとして初となる女子プロレスの増刊号を作ることになっていたので、朝までに作業を終えなくてはいけない。デッドラインまで8時間を切っているのに、まだ新横浜にいるなんてことはあり得ない。当時はまだデジカメなんてなかったから、フィルムを現像しなくてはいけない。その時間を考えたら、もう1秒たりとも長居は許されなかった。

あまりにも気の毒すぎて、この試合の話をするのは、なんとなくタブーのようになっていたので、26年ぶりに「真相」が聞けて、ちょっと胸のつかえがとれた（ちなみにこの試合は

ＦＭＷ５・５川崎球場でリマッチが行なわれ、ＦＭＷチームがリベンジを果たしている）。

当初、たっぷりとページを使って詳報するはずだったメインイベントは、わずか３ページという小さな扱いにされ、巻頭からも外された。空いたページはすべて北斗vs神取に充てられることとなった。このことも会場に行けなかったファンに「メインは北斗vs神取だった」と誤った知識を植え付けてしまう一因となったのは間違いない。

そして大阪府立体育会館も超満員に！

夢のオールスター戦の反響はとてつもなく大きかった。

週プロの増刊号は飛ぶように売れ、すぐさま入手困難になった。日付をまたいだ興行、というネガティブな話題も、あまりにも前代未聞すぎて、さまざまな層に興味を持たれるきっかけにもなった。

いまでいう『バズった』状態。

いい試合をして会場に足を運んでくれたお客さんをリピーターにするのは当然のことだが、行かなかった人に「行けばよかった」と後悔させ、まったく興味のない人たちに「今度、行ってみようか」とおもわせることができないと、動員数が飛躍的に伸びることはない。

このオールスター戦には明らかにその効果があった。

それがわかったのは4月11日に大阪府立体育会館で開催された、オールスター戦の続編だった。

80年代終盤から、大阪での女子プロレスの観客動員数は壊滅的な状況だった。そもそもクラッシュブーム真っ只中に大阪城ホールで行なわれた長与千種とダンプ松本の髪切りデスマッチが「あまりにも残酷すぎる」と批判され、関西エリアではゴールデンタイムでの中継番組がいち早く打ち切られている。

そんなこともあってか「西の後楽園ホール」と呼ばれる大阪府立体育会館の第2競技場すらも満員にならない、という低調な動員が常態化していた。

なにをどう間違えたのか、1990年2月に大阪府立体育会館での興行が開催されているが、当たり前のことだが、まったくといっていいほど観客は集まらず場内はガラガラ。この数日後にUWFが同所を超満員札止めにしているので、その落差に愕然としたものだ。ロッシー小川に聞いても「そんな興行、あったっけ?」と逆に驚かれたぐらい闇に葬られていた黒歴史である。

それ以来となる大阪でのビッグマッチ。

チケットの出足がいい、という話も漏れ伝わってこないし、当日を迎えるまで、かなり苦戦するのではないか、と思っていた。

しかし、蓋をあけてみたら超満員！

間違いなく「あの話題になったオールスター戦が大阪にもやってくる」という評判がクチコミで広まり、それが動員に直結したのだ。

いまだったらSNSで拡散されて……というパターンも珍しくはないが、インターネットのない時代に、わずか9日前の試合の評判が、ここまでダイレクトに観客動員に結びつくのは異例のこと。しかも女子プロレス「不毛の地」と化していた大阪での興行である。これは本当にブームがくる、という手ごたえをビンビン感じた。

対戦カードは横浜アリーナを踏まえたもので、北斗と神取が今度はタッグで激突し、長与千種はブル中野とエキシビションマッチで対戦する。

そしてメインは前年のプレ・オールスター戦のリマッチとして、山田、豊田組に関西、尾崎が挑戦するWWWA世界タッグ選手権が組まれた。

横浜では話題性という点で、いささか割を食った感のあるJWPだが、大阪では別格の扱い。横浜で山田、豊田とメインを闘ったFMWチームにはベルトへの挑戦権が与えられなかったことを思えば、その差は歴然である。

「ウチの場合、全女さんとの対抗戦に関しては『損して得取れ』というスタンスでしたね。

ひとつの興行だけで考えたら、損をしているように見えても、損をすることで信頼関係ができる。そうなってしまえば、長いスパンで見たら、どこかでちゃんと得をするようになっている。ウチの興行でもプラスになるような交渉もできるようになりますから。そこはもう駆け引きの世界ですよね。だから、あんまり全女さんから提示されたカードにNOを出したことはないんですよ」（ヤマモ）

そして、とんでもない「得」がJWPにもたらされる。

なんと関西、尾崎組がWWWA世界タッグ王座を奪取してしまったのだ。

男子でもベルトが外国人選手に渡り「海外流出」というパターンはあるが、団体の看板ベルトが国内の他団体に渡るケースはほとんどない。観客もどこかで「善戦はするだろうけど、さすがにベルトは獲れないだろう」と思って見ているから、ベルトが動いた瞬間にはとてつもない盛りあがりで広い館内が揺れた。

これでJWPがその後も対抗戦の主役となる。

もっといえば、自社の興行でもWWWA世界タッグ戦を看板にできるわけで、その経済効果は計り知れないものがあるし、横浜で北斗と神取がスーパースターになったように、大阪では関西と尾崎が一躍、女子プロレス界の「顔」になった。

JWPは4月20日に大阪府立体育会館第2競技場で興行を打つのだが、尾崎&キューティーvs貴子&長谷川の対抗戦を組んで、大入りに。どんどん人気が広がり、定着していくのが手にとるようにわかる展開。横浜と大阪でのオールスター戦で、女子プロレスの人気は確固たるものになったのだ。

広がる話題、定着する人気

JWPの例をとるまでもなく、4月以降、各団体の動員はどんどん上昇していった。

「お客さんが入るようになったのはもちろんですけど、ウチの場合、神取の知名度がアップしたのが大きかったですね。北斗戦のあとから、芸能の仕事がどんどん入るようになったので、それだけ顔と名前が売れたんです。そうなってくると対抗戦が組まれていない地方での興行にもお客さんが来てくれる。北斗戦はものすごく凄惨でしたけど、いい試合でしたからね。だからこその効果だと思います」(風間ルミ)

「はっきり申し上げますと、グングン伸びていく勢いというのは、最初のオールスター戦の直後からの数カ月間がピークだったと思いますね。ウチはあの年の7月と11月に横浜文化体育館でビッグマッチを打っているんですよ。どちらも全女さんとの全面対抗戦だったんですけど、とにかく熱気がすごかった！　僕は試合前に売店に立っていたんですけど、いつもは売れるといっても、ちょっと行列ができるぐらいじゃないですか？　でもね、あのときはワーッと群衆が押し寄せる感じ。お金をいただいて、パンフを手渡すという感じではなくて、自分の手からパンフが持っていかれたな、と感じたら、反対側の手には１０００円札が握らされている感覚。もうわけがわからなかったですけど、あぁ、ブームってこういうことなのか、と。業界に入って、もう7年が経っていましたけど、こんな経験、はじめてでしたね」（ヤマモ）

そして、もうひとつ、両団体が声を揃えるメリットがあった。

「やっぱりフジテレビさんで中継があったのは大きいです。ウチの若い選手にはいいレスラーがたくさんいたのに、とにかく知名度がなかったので。ファンの方にも『風間さんはレスラーとして一歩、引きすぎなんじゃないか？』と言われたんですけど、あのときはとにかく私はどうでもいいから、若い選手をどんどん対抗戦に出して、たくさんの人に知ってもらいたい、というのが最優先事項でしたね。地上波で試合が流れる、というのは本当に魅力的でした。対抗戦をやる上で、いちばん大事なことだったかもしれませんね」（風間ルミ）

「ウチは93年の6月からＷＯＷＯＷで中継がはじまったんですけど、さらにフジテレビでも試合が流れるのはありがたかったですよ。地方での動員には間違いなく効果があったと思いますね」（ヤマモ）

この話をロッシー小川にすると「えっ、本当に？　みんな、そんなことを言っているの？」と目を丸くして驚いた。

「全女の場合はさ、もうフジテレビが中継してくれるのが当たり前になっていたから、そのあたりの感覚が麻痺していたのかもしれないね。だってさ、そもそもオールスター戦ってフジテレビでやってないよね（実際には夕方の時間帯ながら、数回にわたってオンエアされている）。えっ、やったっけ？　もうね、それぐらいの感覚なんですよ。たしかにゴールデンタイムで放送しているときには宣伝効果も感じていたけど、夕方の枠で、しかも関東ローカルになってからは、そこまで感じなくなっていて……」（ロッシー小川）

とはいえ、地上波での中継番組は女子プロレス界随一。もっといえば放映権料も入ってくるわけで、メリットは計り知れないものがあるはずだが……。

「フジテレビとは年間契約だったから、毎年4月に放映権料が支払われるんだけど、もうさ、そんなに影響はなかったと思うよ。俺も詳しい金額は把握していないけど、1000万円だろうが、5000万円だろうが、入金されたら、すぐに松永兄弟が動かしちゃうんだから、もう全女には関係ないんだよ（苦笑）」（ロッシー小川）

とにもかくにも露出が増えたことで、各団体とも地方を中心に動員数がアップ。着々と女子プロレスの人気は広がってきていた。

平成のゴールドラッシュ、到来

8月にはじつに8年ぶりとなる日本武道館でのビッグマッチが実現。格式は高いが、客席の数は横浜アリーナよりも少ないので、当然のことながら超満員になる。これをきっかけに毎年8月の日本武道館大会は『武道館女王列伝』として恒例となっていく。

メインはアジャ・コングvsダイナマイト関西のWWWA世界シングル選手権。タッグ王座が動いたことで「ひょっとしたら……」という期待感が高まったが、アジャが防衛を果たした。対抗戦時代到来を前にアジャが赤いベルトを巻いたことで、各団体の「61年組」との防衛戦が目玉商品となっていた。

前述したようにJWPは短期間で2度、横浜文化体育館での興行を成功させた（2大会の動員数を足すと1万人をオーバーする）。そしてLLPWも初のビッグマッチを11月9日の駒沢オリンピック公園体育館で敢行する。

メインは風間ルミvs北斗晶の『敗者髪切りデスマッチ』。8月の武道館で遺恨が勃発した両者が、女の命である髪の毛を賭けて闘う、というシチュエーション。それまで対抗戦から一歩引いて、若手を前面に押し出してきた女社長が、ビッグマッチを成功させるために、文字通り、その身を削って臨んだ一戦だった。結果的に風間は負けて丸坊主になる、という屈辱を受けてしまう。

ところがそのメインイベントを前にひと悶着が起き、風間は丸坊主になるよりも大きな精神的ダメージを受けることになる、

「あの日は全女の主力勢にウチの若手が挑む4番勝負を組んだんですけど、みんな秒殺されちゃったんですよ。なぜか控室にモニターがなかったので、リング上での状況はわからないんですけど、ついさっき、リングへと向かっていった選手が5分と経たずに泣きながら控室に戻ってくる。いつからウチはパンクラスになったの？　って感じですよ（苦笑）。

あとになって、どうやら小川さんが全女の選手をけしかけて仕掛けた、みたいな噂を聞いて。もう信じられないですよ。ウチは松永会長と俊国さんを交渉の窓口にしていたんですけど、あの人たち、けっして悪い人ではないんですよ。俊国さんなんてノリがよくてね。ただ、交渉となると話が違ってくる。そうそう。一度、私が行けなくて、神取に全女との交渉の席に座ってもらったことがあったんですけど、事務所にかえってくるなり『ありゃ、ダメだ！』と匙を投げちゃった（笑）。

それこそ最近になってからの話ですけど、ブルちゃんに『あの松永兄弟を相手に、よく女

社長が交渉していたねぇ〜』と感心されるというか、呆れられたぐらいで、本当に全女との交渉に関してはキツネとタヌキの化かし合いの中に放り込まれた感じで『また騙されたわ〜』ということばかりでした。全女さんはFMWさんとの交渉で苦労したと聞きますけど、逆にウチはまったくトラブルがなかったんです。窓口が荒井（昌一）さんだったからかな？　とてもいい人でやりやすかったなぁ〜」（風間ルミ）

当初からあった全女に対する不信感が、この時点でLLPWの内部でピークに達していた。FMWとの交渉についてはヤマモもこう語る。

「ウチも荒井さんが窓口でしたね。ターザン後藤選手が出てくることはなかったです。そもそもFMWさんとの交流自体がそんなになかったんですけどね。たしかに荒井さんが腰が低いし、言葉遣いも丁寧なので交渉役には最適だったと思うんですけど、けっこう、えげつない要求を出してくるんですよ。『今度、ウチのビッグマッチに○○選手を貸していただきたいんですが、よろしいでしょうか？』という連絡がきて『いいですけど、じゃあ、ウチの興行に工藤選手を貸していただけますか？』と聞くと『いや、それはナシの方向で』と、常に要求が一方的なんですよ（苦笑）。ただ、これは荒井さんの意志じゃなくて、大仁田さんやターザン後藤選手のゴリ押しを代弁させられているんだなぁ、と思うと、なんか気の毒になっちゃったんですけどね」（ヤマモ）

ちなみに交流戦の際のギャランティーはグロスで支払われていたそうだが、お互いの興行に10人ずつ貸し出すという場合でも、それで相殺にするのではなく、その都度、しっかりと現金でギャラのやりとりがされていた、という。
「だから、あの時期はバックステージで札束が飛び交っていましたよ。それも封のついた札束が（笑）。いい時代でしたよね」（風間ルミ）
「ウチは対抗戦をはじめるときに1選手につきいくら、という定額制にしちゃったんだよね。あとになって、ヨソの団体のビッグマッチが満員になっているのを見ると、しまった、もっと高いギャラに設定しておけばよかった、と思ったけどね」（ロッシー小川）
まさに平成のゴールドラッシュ！
しかし、それ以上に深刻化していく団体間の関係悪化。見えない爆弾を抱えたまま、対抗戦バブルはどんどん大きく膨れ上がっていった。

早くもやってきた「ピーク」

12月には両国国技館でのビッグマッチが開催された。

夏の『武道館女王列伝』と、冬の『国技館超女伝』はここから数年、定番のビッグマッチ

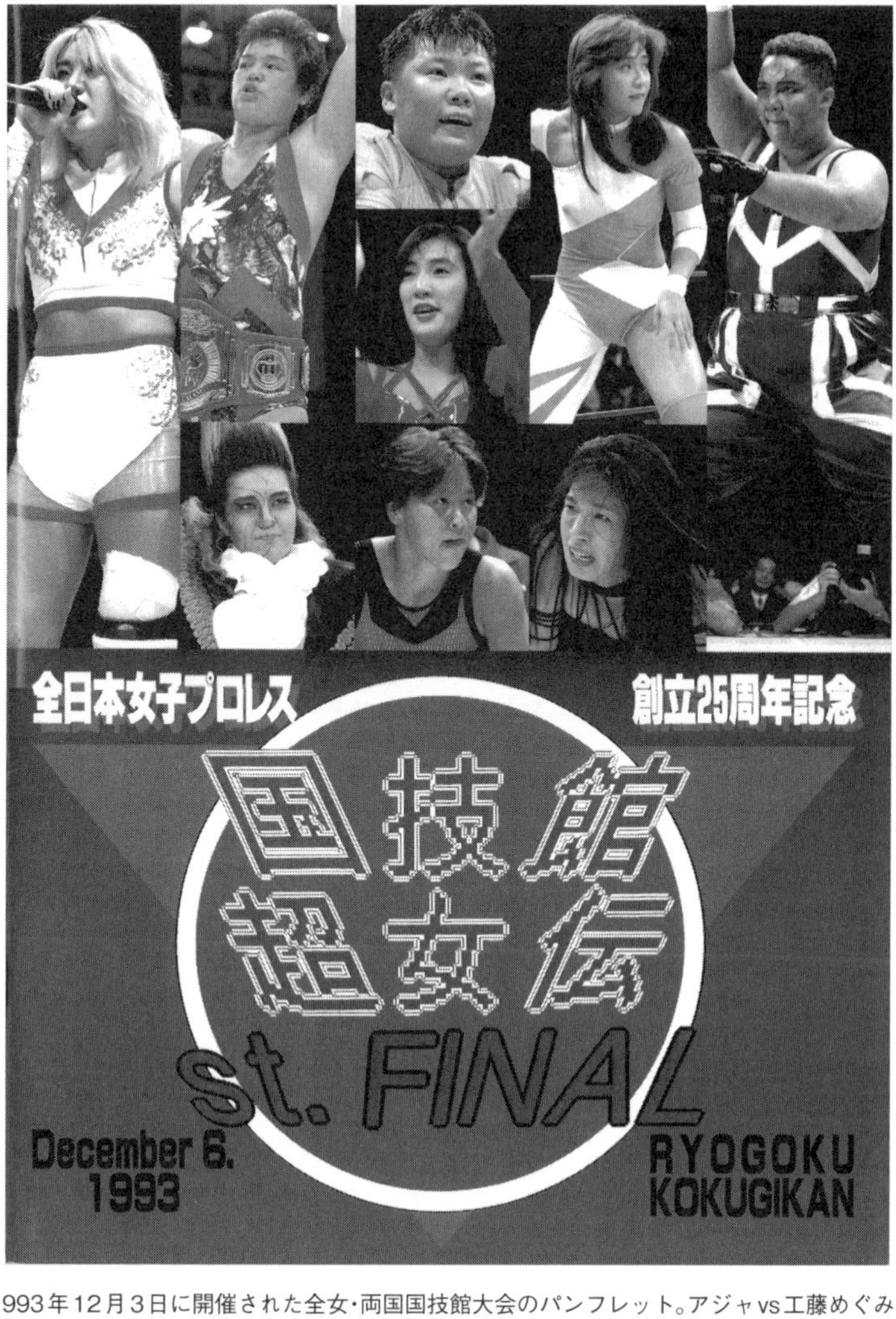

1993年12月3日に開催された全女・両国国技館大会のパンフレット。アジャvs工藤めぐみ、豊田＆山田組vs関西＆尾崎の決着戦、そして北斗vs神取の再戦と豪華カードが組まれた。

として固定化されていく。

前座戦線では動きがあった。

全日本ジュニア王座がJWPのキャンディー奥津に、全日本タッグ王座がLLPWの半田美希、紅夜叉組にそれぞれ全女から流出。これはすなわち1994年も対抗戦はまだまだ続いていきますよ、ということを暗喩する移動劇である。

アジャ・コングは工藤めぐみをチャレンジャーに迎えてのWWWA世界シングル選手権。アジャと工藤はもともと61年組の同期生、しかも解説席に座っているジャガー横田の愛弟子同士ということで、団体のトップが激突する、というよりも、そういった人間ドラマがクローズアップされる闘いとなった。

そして、もともと対抗戦に関して、冷静な立ち位置にいた工藤は、この一戦でさらにクールダウンしてしまう。

「試合前に全女の選手が私に聞こえるように話していたんですよ。『赤いベルトって、誰でも挑戦できるようになっちゃったんだねぇ～』って。私も全女出身なので、このベルトの重みはよくわかっていたけど、そんなことを言われてまで挑戦したくないなって。だから、そんなに赤いベルトのことは試合中、意識していなかったです。同期のアジャとシングルで闘う、ということのほうが意味合いとしては大きかったかな」（工藤めぐみ）

女子プロレスにありがちな「ジェラシーの標的」。

これに潰されてしまう選手も少なくないのだが、工藤めぐみは対抗戦への熱意が冷めるだけで、心は折れなかった。

なかなかの好勝負となったため、年末の女子プロレス大賞ではベストバウト賞候補にもあげられたが、ベテラン記者の「たしかにいい試合だったけど、あれは『61年組の名勝負』であって、女子プロレス界全体のベストバウトと呼ぶには物足りない」という意見で、あっさりと落選。その61年組がこの対抗戦時代のメインになっているんだけどな、と内心、思ったが、先輩だらけの会合でそんなことは口が裂けても言えなかった。

セミでは山田、豊田組が関西、尾崎組からタッグ王座を奪還。前年のプレ・オールスター戦から数えて3回目の闘いは、これで一応の決着を見ることとなる。

そしてメインは北斗と神取の再戦。

先ほど、風間ルミの証言でも触れたように、LLPWの全女に対する不信感がMAXに達したタイミングでの再戦にはきな臭さを感じずにはいられなかったが、神取がアッパーカットで北斗に雪辱。しかし、本当のクライマックスはそのあとにやってきてしまった。

なんと北斗は引退を宣言したのだ。

騒然とする国技館。

これで神取が勝った、という余韻は完全にかき消されてしまった。ＬＬＰＷにとっては面白くないし、このことが翌年の北斗引退ロードの最後まで尾を引く「遺恨」を生み出してしまうことになる。

「よくよく考えたら、この国技館が対抗戦のピークだったよね。この3試合にはすべてテーマがあったし、メインとセミは横浜アリーナのオールスター戦を受けての再戦だから、どうしても集大成になる。もう、これ以上のものを出すのは難しいし、１９９４年は北斗の引退がメインテーマになってきちゃうから、やっぱりここがピークだったんだと思う」（ロッシー小川）

1年で終わりにする、と言って始まった対抗戦は、その1年を待たずして、ピークを迎えてしまった。

しかし、終わらせるわけにはいかなかった。

なぜならば、１９９４年11月20日に東京ドームで興行を開催することがすでに発表されていたからだ。ピークを迎えた、と実感してから、約1年後に開催される東京ドーム大会。この時点で、右肩下がりで当日を迎えるであろう、ということは関係者はみんな、予測していたのだ――。

【第四章】

平成6年11月20日

——誰もが「最初で最後」と思っていた落日の「憧夢超女大戦」

全女と週プロの「癒着関係」

１９９３年11月、週プロの表紙で『１９９４年11月、全女が東京ドームに到達！』というニュースが伝えられた。

表紙になったメンバーは山田敏代&豊田真奈美（62年組）、井上京子&井上貴子（63年組）、長谷川咲恵&伊藤薫（平成元年組）。北斗やアジャが入っていないあたり、ドーム後の未来を予見したともいえるし、1年後にはベテラン勢がどうなっているのかわからない、という意味もあったのかもしれない（この時点ではまだ北斗晶は引退を表明していなかった）。

普通であれば大々的に記者会見を開いて発表する案件である。

それが一専門誌のスクープ扱いになった。

「この本ってさ、小島くんの名前で出すんでしょ？　だったら、もうハッキリと書いちゃえばいいじゃない。『あのころ、全女と週プロは完全に癒着の関係にありました』って！　そのひとことでいろんなことの説明がつくじゃない。それに癒着っていったら語弊があるかもしれないけど、ターザン山本と全日本プロレスの関係とは違って、そこに金品が動いていたわけでもないから（笑）、うしろめたいことはなんにもないし、俺は全部、書いてもらって

全女の東京ドーム大会決定を伝える『週刊プロレス　589号』。担当記者である筆者も表紙を見るまで知らされないという、全女お得意の不意打ち的な発表だった。

も構わないよ」（ロッシー小川）

全女に限らず、それこそ週プロに限らず、当時はプロレス団体とマスコミは、ある意味「なぁなぁ」な関係を是とするところがあった。

よくプロレス団体のパンフレットには週プロの広告が出ていたが、あれも団体側に広告費を払って掲載しているわけではなく、週プロ誌面に団体サイドの広告を出すのとバーターになっていた。全女のパンフに広告を出す場合、本来だったらベースボール・マガジン社の広告部を通さなくてはならないのだが、それこそ僕が作ったものを、そのままロッシー小川に手渡す、みたいなアバウトすぎる取引をしていた。

だから、それ自体は癒着の範疇には入らないのだが、あの時期、ロッシー小川はそれこそ週に数回、週プロ編集部に入り浸っていたのだ。

基本的にはパンフレットに掲載する試合写真を借りるためにやってきているのだが（いまでは1枚数万円で貸し出すというビジネスになっているようだが、その当時は団体がパンフレットやビデオパッケージで使う場合は無償で貸し出していたような気がする。社内規定的にはアウトだったかもしれないけれど……）。

他団体の広報担当も編集部に写真を借りにきてはいたけれど、ここまで頻繁にやってきたのはロッシー小川ぐらいである（次点はW☆ING代表の茨城清志）。

ただ単に写真を選んで、借りるというだけでは終わるはずもなく、いろいろと仕事の話にもなる。

こちらとしては他誌には載らない独自ネタがたくさんあるほうがありがたいし、全女的にも次なる仕掛けの煽り記事が週プロに大きく載れば、ストレートに券売につながる。この段階で完全にwin-winの関係性は成立していた。

「週刊ゴングは女子プロレスのページが少なかったからね。どうしても全女としては週プロに独自ネタを提供して、それを大きな記事にしてもらいたい。それをやってもらうのも俺の仕事のひとつだったから。

のちにレディース・ゴングが創刊してからは、試合関係の情報は週プロ、企画モノはレディゴン、と独自ネタを棲み分けるようになったけど、それまでは週プロオンリーだったから、これはもう立派な癒着の構図ですよ。それが許される時代だったよね。週プロも売れてたし、全女も客が入っていたんだから」（ロッシー小川）

補足させてもらえば、週プロが爆発的に売れる前、そして全女がまだ冬の時代に滞留いていたころから、この関係性は続いていたのだが、お互いのビジネスが波に乗ったことで相乗効果が生まれるようになった、ということである。

当たり前の話だが、週刊誌にはページ数に限りがある。

どんなにいい情報を提供されても、新日本や全日本のビッグマッチと重なってしまったら、そこまでページ数はとれないし、情報として並べられたとき、インパクトに欠けてしまう可能性がある。

だから密に連絡をとって、早めに情報を得ることで、編集サイドでも「この週だったらページがとれますよ」という提案ができるし、より効果的な誌面展開が可能になる。ロッシー小川の狙いはそこにあった。

女子プロの増刊号を定期的に出すようになると、全女とスタジオ代を折半して、スタジオ特写をすることも増えた。雑誌の企画としては、スタジオ代はなかなか高い。グラビア誌ならまだしも、プロレス雑誌ではスタジオ特写はあくまでもイレギュラーな企画なので、そうそう予算を使えない。

そこで全女のパンフ用撮影も同時にやってしまうことで、経費を半分に減らそう、という試みをしてみた。これこそwin-winの究極形であり、まさに癒着の最たるものなのだが、のちにこのことが選手間のトラブルに発展し、僕はそこに巻きこまれてエラい目に遭うことになってしまう。

さて、話を戻そう。

全女がドームに進出する、という表紙は開催のちょうど1年前の掲載、ということになった。

これは他のドーム興行と比べても、異様なほど早い発表タイミングである。あまりにも早くビッグマッチを発表してしまうと、そこに至るまでの興行のチケットを買い控える危険性があるので、普通は大きなイベントの開催時に次のビッグマッチを発表するのが定石。もしくは次のビッグマッチのチケットが売り切れそうな状況になったのを見た上で、その次の大会のチケットを売りにかかる。

本来であれば8月の武道館大会あたりから東京ドームの宣伝を本格化するべきなのだが、おそらく、それでは間に合わない、宣伝期間が足りない、チケットが売れない、という判断だったのだろう。

それは正しい判断だったと思う。

第3章のラストで「今思えば、93年12月の国技館大会が対抗戦ブームのピークだった」とロッシー小川が述懐しているが、まさにブームが最高潮に達したタイミングでの発表はベターだった。しかし、僕だけでなく多くの関係者はこう感じていたはずだ。

「人気のピーク時に開催しても、東京ドームはいっぱいにならない」と。

この1年のビッグマッチラッシュを見てきて、横浜アリーナ、日本武道館、両国国技館を超満員にできるだけの人気があるのはわかった。

ただ、ここからもうワンランク上には届きそうな気配はあったけれども、いきなり1万人クラスの会場から、5万人の東京ドームへのジャンプアップは難しい。当時、さいたまスーパーアリーナがあれば、2万人動員で超満員にできたとは思うが、同会場がオープンするのは2000年のこと。1994年の段階では、横アリの上はもう東京ドームしかなかったのである。

ちなみに週プロの表紙になることを僕が知ったのは発売日の前日だった。表紙の撮影日には他団体の取材で地方に行っていたので、この撮影が敢行されていたことすら知らなかったし、東京ドーム大会開催の話も聞かされていなかった。ロッシー小川は「えっ、そうだったの？」と驚いたが、全女担当といっても、まだまだペーペーだった僕には、こうやって知らされていないことが山ほどあった。

そのリベンジをしようと、ももいろクローバーZがはじめて東京ドームでコンサートを開催するとき、あるアイドル雑誌でこのときの週プロの表紙をまるっきり再現しようと画策したのだが、あの場所で撮影するには東京ドームの許可が必要で、なおかつお金も発生してしまう、とのこと。

それでもなんとか、と粘ったが、ちょうど巨人戦がある日だったので「人通りが多いところにアイドルを並べての撮影は危険」と言われ、泣く泣く断念。真横にある東京ドームホテルのレストランの窓越しに「あのときの週プロっぽい表紙」を撮った。

その雑誌が発売されると「これって週プロのパロディーですよね？」という指摘が読者から相次いだ。それだけインパクトがあり、記憶に残る表紙だった、ということが四半世紀を経て、証明されたのだ。

新日本プロレスと肩を並べる「箔付け」

「東京ドームでやる意味はあったんですよ。あの段階ではもう東京ドームで興行が打てる団体って新日本プロレスだけだったでしょ？　あの新日本プロレスに次いで東京ドーム大会ができるのは全女、というアピールができるのは大きかった。

要は世間に対する『箔付け』ですよ。それはすごく意識していて、ビッグマッチの前に前夜祭をやったりね。ほら、新日本プロレスもMSGシリーズの前には京王プラザホテルで前夜祭をやっていたじゃない？　あれの真似なんだけどさ、ちゃんとしたことをやっていますよ、と。そういうことをやっていかなくちゃけいないな、とは考えていたよね」（ロッシー小川）

たしかに90年代初頭には、ちょっとしたドーム興行バブルがあり、新日本以外にもUWF

やSWS、さらには藤原組までもが進出したが、SWS崩壊後は新日本プロレスがドーム興行を独占していた。そこに割って入るわけで、たしかに女子プロレスの地位はグーンとアップすることになる。

箔付けといえば、この時期、ビッグマッチの前には出場全選手を集めての記者会見もキチンと開催していた。末期になると道場のリングの前に机を並べて……という質素なものになっていくのだが（ただ、このシチュエーションのほうが乱闘などはやりやすいので、実は記者会見向きだった）、当初は目黒雅叙園などホテルの立派な宴会場を貸し切って、大々的に行なわれていた。

そのとき僕にお鉢が回ってきたのが、その会見での「代表質問」をする係だった。事前に全女サイドと打ち合わせて決めておいた質問を僕が2～3問したあとに、記者たちの質疑応答になるのだが、これもロッシー小川の「プロレスマスコミは記者会見で全然、質問をしないから」という不満から生まれたシステムだった。

たしかに質問が出ることは少なかった。

もっとも第1試合から全部、質疑応答をするので、前座に関してはしょっちゅう取材に行っている週プロかゴングしか質問のしようがなかったし、ほかの記者も公式なコメントよりも、その後の「ぶらさがり取材」で独自のコメントを拾って、それを記事にする手法を好んでとったので、どうしても会見自体は不毛に終わってしまうことが多かった。

それを防ぐための代表質問システムだったが、これはさっそくFMWも取り入れることになり、ここでも僕が代表質問をする役割を仰せつかった。大仁田vs天龍戦のときは、天龍さんに「お前、誰だ?」という顔をされ（SWSが週プロを取材拒否していたなりゆきもあり、ほとんど面識がなかった）「団体が変われば、記者の顔も変わるんだな、と実感しています」といきなりぶっこまれて萎縮したことを覚えている。

とにもかくにも、単なるブームで終わらせることなく、女子プロレスの格式を上げていこう、という試みには大賛成だったし、全面的に協力させていただいた。

この時期、ものすごく印象的な出来事がある。

あるオフの日、アジャ・コングから「仕事抜きで来てほしい」と招集がかかり、六本木のお店に向かうと、そこには全女の若手選手がズラリ。たしか63年組から下の世代が集められたのだと思う。

そこに現れたアジャはテーブルの上にドンと分厚い封筒を突き立てた。

「今日、CMのギャラをもらった。お前らもがんばれば、こうやって立つほどの札束を手に入れることができるんだよ！　今日は私のおごりだ。好きなだけ食え！」

なんとも夢のある話ではないか。瀬戸朝香と共演したテレビCMは超大手企業の飲料のもの。札束がドンと立つということは、少なくとも300万はあるはずだ。試合で得たギャラではないから、彼女にとってはあぶく銭扱いだったのかもしれないが、ブームの副産物としては最高級のご褒美だった。

当時はまだ体が小さかった伊藤薫が、それこそメニューの上から下まですべて食べる、という小林邦昭ばりの食欲を披露し、のちの巨大化を示唆してくれた。ご機嫌のアジャは全員を引き連れて西麻布へ移動し、深夜に女子プロレスラーが集結して、全員でホブソンズでアイスを食べる、という数年前に弾けたバブル時代のような遊び方をした。

そういうことを考えても、対抗戦のブームは93年の年末にきたのかもしれないが、それが世間一般に波及し、さらなる経済効果を生みだしたのは1994年になってからだったような気がする。

北斗晶、引退カウントダウン

そんなときにブームの中心人物だった北斗晶が引退を表明する。

「最初はもう日本では試合をしない、と言っていたんだけど、もう東京ドームも決まっていたし『年間数試合だけ限定出場、という形にしたらインパクトがあるし、東京ドームで引退

引退発表後は、大会パンフレットでも北斗晶を大きくフィーチャーするようになる。写真は全女・日本武道館大会（1994 年 8 月 24 日）パンフの表紙。

すればいいじゃない』と説得をして、3月の横浜アリーナ、8月の日本武道館、そして11月の東京ドームにだけ出場することになった。まぁ、俺はこの時点でなんとなく北斗は引退を撤回するだろうな、という予感もあったんだけどさ（苦笑）、とりあえず、これで春と夏のメインカードは北斗がらみで成立するから、カード編成は楽になる（一連のカードは『デンジャラスクイーンFINALカウントダウン』と銘打たれた）。

だから94年は対抗戦じゃなくて、北斗の年だったんだよね。やっぱり、対抗戦のピークは93年末だったんだよ」（ロッシー小川）

93年の時点で北斗がらみのカードは、とにかく集客力があった。当時の資料を見ながら取材をしていても「なんでこんなカードが？」というマッチメイクが大会場であったりしたのだが、たとえば「北斗がJWPと初遭遇」というテーマがあるだけで、カードはたいして強くなくても、観客の興味を惹いていたことがわかった。

その北斗の試合が見られるのはあと3大会だけ、というのは大きな目玉になるかと思ったのだが、最終的には満員になったものの、横浜アリーナも日本武道館も、前年ほど前売りの段階での勢いは感じられなかった。

よくよく考えたら、北斗のラストを見たかったら、東京ドームに行けばいいだけの話。しかも、横浜アリーナと日本武道館のカードはどちらも同期やライバルを集めてのタッグマッチなので「絶対に見逃せない」という類のマッチメイクではなかった（横浜アリーナでの北斗、神取組にはそれだけの価値があったとは思うが……）。

盲点だったのは、どちらの試合にもアジャ・コングが絡んだことで赤いベルトの防衛戦が組めなくなってしまったこと。北斗の試合を「一点豪華主義」にしたら、他のカードがどうしても弱くなってしまう。

いや、それなりのラインナップは揃っていたのだが、前年に対抗戦を乱発してしまったことで、もはや、ちょっとやそっとのカードではファンも驚かなくなっていたのだ――。

JWPに日本テレビから生中継のオファーが！

1994年5月22日。

JWPは旗揚げ以来、最大のビッグマッチを有明コロシアムで開催する。

有明コロシアムといえば、UWFやリングスのイメージが強い。当時、WOWOWがリングスとJWPの試合中継を放送していたので、てっきり、その関連でこの会場を押さえたのかと思いきや、真相はまったく違った。

「すいません、完全に僕の個人的な趣味です（苦笑）。やっぱりUWFの『真夏の格闘技戦』

の印象が強くて、いつかここでやってみたい、と思っていたんですよ。

いまだったら、ゆりかもめの駅が目の前にあるし、近くをりんかい線が通っているから、都心からのアクセスもいいんですけど、このときはまだどちらも開通していなかったので、陸の孤島状態だったんですよね。たしか豊洲の駅からシャトルバスを手配しなくちゃいけなかったりして、けっして集客を考えたら、いい条件ではなかったんですけど、そこはもう僕のこだわりで（笑）」（ヤマモ）

動員はJWP史上初の1万人超え。前述した理由で全女のビッグマッチでは開催できなくなってしまったアジャの防衛戦をメインで組むことができたのが、対抗戦スタート時からJWPが一貫してとってきた「損して得取れ」の外交姿勢が見事に実った形となる。

「お客さんも入りましたけど、あの日は物販がものすごかった。グッズの売り上げだけで、なんと1000万円を超えましたから！　テーブルをいくつか並べるだけで1000万円ですからね。これは女子プロレスならではじゃないですか？」（ヤマモ）

キューティー鈴木、尾崎魔弓に加えて、福岡晶、キャンディー奥津、矢樹広弓といったルックスと実力を兼ね備えた選手が対抗戦を通して、グングン頭角を現してきた時期でもあり、グッズが売れないはずがない！　若い世代の選手たちは知名度をあげるという点で、しっかりと対抗戦ブームの恩恵を受けていた。

JWP史上最大のビッグマッチ、有明コロシアム大会のパンフ。旗揚げからわずか3年目で1万人規模の興行を成功させてしまう。いかに対抗戦ブームがすごかったかということだ。

じつはそのブームの恩恵はさらに大きなビジネスチャンスを呼んでいた。

「有明コロシアムを中継したい、という話が日本テレビさんから来たんですよ。しかも生中継で！　男子の団体でもゴールデンタイムでの生中継なんて、もうなくなっていましたから、かなりおいしい話ですよね（全女ですら、ゴールデンの生中継はやっていないので、実現していれば、女子プロレス初の快挙となっていた）。

ただ、ウチはWOWOWさんとの契約があるので、とお断りしたんですけど、どこで噂を聞きつけたのか、すぐにWOWOWさんがウチにやってきて、どうか日テレに乗り換えることはしないでください、と。この2年後にWOWOWさんで国技館大会を生中継していただくことになるので、この話がなんらかの影響があったのかもしれませんね。

もし、あのとき、日テレからのオファーを受けていたら？　どうだったんでしょうね。いろいろな意味で時代の流れは変わっていたかもしれませんね。これぱっかりは本当にやってみなければわからないですけど」（ヤマモ）

この日の目玉カードのひとつが福岡晶と長谷川咲恵の越境コンビが、デビル雅美とブル中野の女帝コンビと激突するタッグマッチであった。

オールスター戦から1年1カ月。当初のプランでは、もう福岡と長谷川がトップに立っているはずだった。いや、この試合に勝てば、まさに時代の流れは大きく変わるはずだった。

しかし、30分近いロングマッチの末、福岡と長谷川はいいところなく完敗。試合後、2人はわざわざ会場の外まで僕を呼び出し「もうダメ……」と絶望的な表情を浮かべて、がっくりと肩を落とした。

あまりにも大きくて厚い、昭和世代の壁。

誌面を通じて懸命に推してきた僕も、この日、ひとつの限界を感じていた。

そのころ、リング上では長与千種が尾崎魔弓と激突。これまではエキシビションマッチ扱いだった千種が、この日から本格復帰する。その緒戦でいきなり尾崎を撃破。新しい時代を構築するどころか、昭和のブ厚い壁がまた一枚、増えてしまったことになる。

1年を経過したことで対抗戦は、これまでと違った側面を見せ始めてきた。

第2章でシャーク土屋は「平成元年組は女子プロレス界の中間管理職」と称したが、その傾向はますます強くなっていく。

せめてメインで関西がアジャを破って、赤いベルトを巻いたら、大きく流れが変わる、と期待したのだが、それも叶わなかった。

ただ、全女以外の団体が主催する興行で（しかもLLPWもFMWも参戦していないからオールスター戦でもない）、1万人を超える観衆を集めた、という事実は大きい。

そしてＬＬＰＷもビッグマッチを敢行！

ＪＷＰ有明コロシアム大会の２カ月後、今度はＬＬＰＷがビッグマッチを開催する。

「やっぱりヨソがやっていない会場がいいな、と思って探していたんですけど、ちょうど東京体育館が空いていたんですよ。千駄ヶ谷駅の目の前にあって、アクセスもいいし、まだ建物も新しいのに、プロレスの試合はほとんどやっていないんですよ（１９９０年5月14日に全日本プロレスがビッグマッチを開催したぐらい、である）。たしかにちょっと使用料が高かったような気はしますけど、ヨソが使っていない、というところがポイントとなって、ここを選びました」（風間ルミ）

観衆は８３００人で超満員マークがついた。

ＪＷＰとは対照的にこちらは全女とＦＭＷが参戦。ヤマモの証言によるとＪＷＰへのオファーもあったようなので、本当はＬＬＰＷ主催によるオールスター戦を画策していたのかもしれない。全女以外でもビッグマッチが開催できるようになって、対抗戦の主導権争いも少しずつ変わりはじめていた。

これでＪＷＰの有明、ＬＬＰＷの東京体育館、そして翌月には全女の日本武道館と各団体が都内でのビッグマッチを成功させたことになる。これが各団体についているファンだけの動員だったら話は違うのだが、結局は同じお客さんが「かけもち」をしている状態。パイは広がっているように見えて、実際にはお互いのパイを食い合うような状況に陥りはじめていることに、みんな気づき始めてはいたけれども、そこまで致命的なものではない、と思いこむようにしていたような気がする。

この日のメインは神取忍とブル中野によるチェーンデスマッチ。すっかり金網デスマッチを封印してしまった全女、まだまだ女子によるデスマッチ路線が確立されていなかったFMW。たしかに本格的なデスマッチは女子プロレス業界において、すっぽりと空き家状態になっていた。

しかも、この試合はこの年のベストバウト賞を獲得するほどの名勝負となった。

実質上、北斗が活動していない1年間で神取がベストバウト賞を獲得した意味合いは大きいが、もっと広い視野で見ると、やっと「61年組」の神取がブル超えを果たしたわけで、世代交代にはめちゃくちゃ時間がかかるものだな、といささか気が遠くなった。

ちなみにLLPWの「平成元年組」である紅夜叉は、この日「61年組」の工藤めぐみとシングルで対決して惜敗。「61年組」がマット界の主役に立つ一方で、やはり「平成元年組」は時代の壁に跳ね飛ばされ続けていた。

まったく売れないドームの前売り券

各団体のビッグマッチが盛況で終わる一方、肝心の東京ドームのチケットの売れ行きはピタッと止まっていた。

「出足はよかったんですよ。発売初日は全女の事務所の下にあるガレージで即売会をやったんですよ。ここで買うと好きな選手のサインがもらえる、という特典つきで。ここで北斗が頑張って売ってくれて、たった1日で数千枚のチケットが捌けた。ただ、そこからはたしかに伸びなかったね」（ロッシー小川）

焦り始めた全女サイドは「ある人」に相談をする。

「松永会長がターザン山本編集長に相談しに行ったんですよ。そこで出てきたキーワードが『闘いのトライアスロン』。結局ね、この言葉に引っ張られていくことになるんだよ、ドームは。トライアスロン＝長い、でしょ？　だから、俺もこれはたくさんカードを組んで、ものすごく長い興行にしなくちゃいけないのかな、と勝手に思いこんじゃったんだよねぇ～（苦笑）」（ロッシー小川）

これはこの章の最初に「週プロと全女は癒着していた」とロッシー小川が言ったのとは、また別のラインでの話。

僕たちは松永会長と編集長が密談していたことなど知らされず、編集長から一方的に「これから毎週、全女を載せろ！　ドームを煽れ！」と指示されるだけだったが、こうやって、当時の証言を集めることで、なんで突然、そういうことを言い出したのか、ハッキリと答えあわせができた。

たしかに考えてみたら、僕はビジネス的な話は全女のフロント陣に関していえば、ロッシー小川としかしていない。あとは現場スタッフの今井良晴リングアナや村山大値レフェリーとはよく話をしたが、ボブ矢沢レフェリーとプロレスについて突っ込んだ話をしたことはほとんどない。本能的に松永一族と距離をとっていたのかもしれない（けっして嫌悪感はなかったけれども……）。

そもそもの話、松永会長は僕のことを、はたして週プロの記者として認識していたのかどうかさえ疑わしい。なんだかよくわからないけれど、しょっちゅう会場に来ているお兄ちゃん、ぐらいにしか思われていなかったのではないか？

実際、松永会長とちゃんとプロレスの話をした記憶がない。

話しかけられた言葉といえば「焼きそばが余ったから、おみやげに持って帰りな」「フランクフルト、食べる？」「ウチで不動産部をはじめたから、物件を探しているなら紹介するよ」。そこにプロレスの「プ」の字もなかった。

編集長にプロレスについて相談していた、という話も、当時はまったく知らなかったので、もしかしたら紙媒体にはまったく興味がない方なんじゃないか、と思いこんでいたぐらい。たしかに風間ルミが交渉に苦労した、というのもわかる。本音がまったく見えてこないのだから……。

最強を決めるトーナメントにトップが集まらない！

東京ドームのメイン企画は『V☆TOP WOMAN 日本選手権トーナメント』。文字通り、日本一の女子プロレスラーを決めよう、という企画。優勝者には賞金1500万円と、この日のために作られたチャンピオンベルトが贈られるが、なによりの栄誉は「東京ドームのメインイベント」だろう。男子でも「プレ日本選手権」を新日本プロレスが開催したことがあったが、全団体が出場しての最強決定トーナメントは実現したことはない。

だが、結果的にこのトーナメントも「プレ日本選手権」と言ってもいいぐらい、中途半端なメンバーしか集まらない、ということになる。

本来であれば、各団体の「顔」がズラッと並ばないと意味がないのだが、多くの団体が明らかに出し惜しみをした。

理由はひとつしかない。

北斗晶がエントリーしていたから、である。

この大会での引退を表明していた北斗。つまり、トーナメントで負けた時点で、それが引退試合ということになる。

だからトーナメントに出て、すぐに引退していく北斗に負けたら損しかしないし、勝ったところでラストマッチになってしまった北斗にスポットが当たるだけ。誰も得をしないことがはじめからわかっているトーナメントに、自軍のエースを出そうなどというお人好しな団体などあるわけがないのだ。

それにこの2年間でめぼしいカードはあらかたやり尽くしてしまった。

唯一、残されていたのは神取忍vsダイナマイト関西のトップ対決ぐらいで、これこそ、トーナメントでなければ見られない（JWPとLLPWの交流はまだスタートしていなかったので、シングルマッチが組まれる可能性はゼロだった）顔合わせだったが、神取がトーナメントに出場しなかったことで、このカードは完全に消滅した。

「だってイーグル（沢井）が出場者決定トーナメントで勝っちゃったんだもん」とニヤリと微笑んでみせた風間ルミだったが、ここに至るまで、常に全女に対する不信感を持ち続けてきたことを思えば、なにがあっても神取をトーナメントに出すことは拒絶しただろう。そのあたりの確執はこのあと、えげつない形で表面化していく。

FMWからはコンバット豊田がエントリーした。

「だって、誰がいちばん強いかを決めるんでしょ？　そのトーナメントにFMWの看板を背負って出ていくとなったら、それは私じゃないと思う。ここはもう豊田しかいないじゃないですか？　これは私だけじゃなくて、FMW全体の総意です。みんなが納得して送り出す形でしたよね。

なによりも当の本人がやる気まんまんで、トーナメントに出る、と決まったその日にスポーツジムに入会したぐらい。これは入会手続きに私が付き添いで行っているから間違いないです、アハハハ。まぁ、もっと早く本気を出しなさいよって話になるんですけど、豊田があそこまで真剣にトレーニングに取り組む姿を間近で見ていて、あぁ、やっぱり豊田を代表にして間違いなかったんだなって。うん、豊田にとっても、FMW女子にとっても、あれがベストな選択だったと今でも思っています」（工藤めぐみ）

たしかに人気や知名度では工藤めぐみのほうが上ではあるが、彼女自身、対抗戦に関しては当初から距離を置いていたので、彼女がエントリーしても、さほど熱い展開にはならなかったかもしれないが、やはり団体の「顔」が出てこないことはファンの興味を大いに削いだことに違いはない。

そんな中、JWPだけはストレートにエースのダイナマイト関西をドームへと送り出した。

「当たり前じゃないですか。トーナメントの趣旨を考えたら、チエ以外には考えられないですよ。まぁ、これも『損して得取れ』なんですけどね。トーナメントの組み合わせ上、北斗選手とも当たらないし、まったくおいしいところはなかったんですけど、ここで出しておくことで、のちのち交渉で強く出られるし、この段階で損だけして終わらないように仕込んでありますから。しっかりとメリットは計算した上での決断でしたね」（ヤマモ）

なによりもこの決断によって、ファンのあいだでは「JWPは潔い！」「本当にピュアハートだ！」と団体に対する信頼度が大幅にアップした。イメージ戦略としてはもっとも正しい一手を打った、といえる。

しかしながら、あまりにも壮大な企画だったゆえに、出場選手が発表されるたびにファンの興味は目に見えて薄れていった。

ある意味、第1回目のIWGPを見るかのようだった。世界中をサーキットする、という話がいつのまにか通常のシリーズと同じような巡業コースが切られ「北米代表がラッシャー木村？」「エンリケ・ベラって誰？」と、あのときも概要がわかるにつれ、テンションが下がっていったものだ。

唯一の解決策は『V☆TOP WOMAN』と『北斗晶引退試合』をはっきりと分けてし

まうことだったが、北斗の引退試合を豪華にした時点で、結局はトーナメントがしょぼくなる。なんだかんだいって、スター選手は対抗戦によって増えたものの、ドームでメインを張れるだけのスーパースターは数えるほどしかいない、という現実がそこには横たわっていた。

逆にトーナメントに出場しなかったメンバーを使って、魅力的なカードを組めればよかったのだが、それもまた難しく、特に神取は明らかに券売に結びつかないであろう、ぶっちゃけ「どうでもいいカード」で前座に組みこまれた。

そして、なによりもこの時点で「北斗は引退しない」ということをロッシー小川が確信していたので、明確な形で「引退試合」と銘打つマッチメイクを避けたかった、という事情があった。

トーナメントで負けた時点で引退ということは、裏を返せば優勝してしまえばはっきりと引退の区切りがつかず、北斗が現役続行を望んだときに、物語をスムースに進めることができる。だからこそ「北斗が出場する日本選手権」はどうしても崩すことができなかったのだ。

他団体との信頼関係が崩壊していることが、トーナメントの出場メンバーで露呈してしまったことで、対抗戦バブルの「終わり」を多くの人が実感しはじめていた。

対抗戦バブル、弾ける？

週プロでも毎週のようにカラーページをたっぷり割いて、ドームの煽り記事を組んだ。連載モノとして、V☆TOP WOMANトーナメント出場者へのロングインタビューを毎週掲載し、それをカウントダウン企画としたが、こんなにも手応えのない、読者からの反響がまったくない企画も久しぶりだった。

前人気を煽ろうとしても、誰も乗ってきてくれない。

インタビューのラストは北斗晶で、ドーム直前に発売されたが、彼女はとにかく「どうすれば客は入るんだ？」ということだけを考えていて「アントニオ猪木がドームに来たら、私は引退を撤回する！」と爆弾発言をした。

いまとなってみれば、翌年4月の北朝鮮遠征につながってくるわけだが、少なくともこの時点では猪木がドームに来場する話などはまったくなかった（この年、フィギュアスケート選手のトーニャ・ハーディングがライバル選手を襲撃する事件が発覚。その流れで「ハーディング、プロレス転向か？」と騒がれ、ワイドショーの取材班が連日、全女の事務所を取り囲んだが、このときも話題に乗っかっただけで、全女はハーディング獲得には1ミリも動いていない……）。なんとも悪質な煽りインタビューである。

悪質といえば、いまだにやらかしてしまったな、と思っているのが、画づくりのために持参したトーナメント出場選手の顔写真で作ったパネルを、その場のノリで「日本刀で串刺しにしちゃう?」と提案したら、北斗も「面白しれえな!」と悪ノリし、出場選手の顔をズバッと日本刀で貫いた。

こんな企画、いまだったら即座にネットが炎上する。

自分が応援している選手の顔が日本刀で刺されていたら、誰だって気持ちのいいものではないし、どう考えても不謹慎だ。でも、僕も北斗もチケットを1枚でも多く売り捌くことしか考えていないから、そういった倫理観がどっかにすっ飛んでしまっていた。

東京ドームが大失敗に終わったら、女子プロレスブームが終わる。

そんな強迫観念がどこかにあった。

そして、なによりもこんな企画を考える時点で、やっぱり北斗しか動員で頼れる存在はいない、と認めていたことになる。

その一方で対戦カードに名前が入っていない選手もたくさんいた。今回の証言者である風間ルミも、じつはドームには出ていない。

「そりゃ、出たかったですよ。だって、最初で最後の東京ドームじゃないですか!」

面白いことにロッシー小川もヤマモも、声を揃えて「最初で最後の東京ドーム」という言葉を発している。フロント陣はみんなブームが下火になっていることを認識し、東京ドーム

全女ドーム大会の直前に発売された『週刊プロレス　643 号』。紙面はまさに全女の東京ドーム大会一色。問題のパネル串刺し写真は、この号に掲載されている。

での興行は「二度目はない」と確信していた。しかし、プレイヤーでもある風間ルミは少しばかり心境が違っていた。

「私だけじゃなくて、レスラーだったら、みんな出られるもんなら出たかったと思う。みんながそういう気持ちになれただけでも、東京ドームでやるのはいいことだなって思いましたね、プロレスラーとして。でも、もう私が入る枠がなかった。ウチからはイーグルがトーナメントに出て、神取のパートナーが二上（美紀子）だったかな？　あと紅と長嶋（美智子）も出たから、それでもういっぱい。レスラーとしては出たかったけれど、社長の立場としては、ひとりでも多く、若い選手を出してあげたかったから、これでよかったんだと思いますけどね」（風間ルミ）

続くトラブル、迷走するカード

闘いのトライアスロンとして、全23試合が組まれた東京ドーム。

後半戦はトーナメントが軸となったが、前半は異種格闘技戦あり、アマチュアレスリングあり、と25年ほど時代を先取りした「ジョシカク」が4試合も並んだ（すべてがフルラウンド闘い抜いたため、これも長時間興行の一因となった）。のちに国民的スターとなる浜口京子と山本美憂も参加しており、その後の日本の格闘技界の縮図がギッシリ詰まった興行となったが、そんなカードを組んでいく中で、ロッシー小川はあるプランを思いついてしまう。
「メインどころにも格闘技戦が欲しいな、と思っちゃったんだよね。全女は強い、というところを見せたかったし、それが井上京子だったら面白いじゃない？　井上京子は強いんだよ、というところをアピールできるような異種格闘技戦を組もう、と。そのためには相手は超大物じゃなくちゃダメでしょ」（ロッシー小川）

さっそく全女が交渉したのは、当時「地上最強の女」として注目されていたキックボクサーのルシア・ライカ。実現すれば、それだけでドーム級のビッグカードだし、もし京子が勝ってしまったら、マット界がひっくり返る。一躍、井上京子がアフタードームの主役の座に躍り出るビッグチャンスを秘めたカードだった。

しかし、このカードは幻で終わってしまう。

一応、表向きはルシア・ライカが練習中に負傷してしまったため、ということになっていたが、実際には契約トラブルだった。ライカ自身も試合をしようと来日していたのだが、彼女を巡る複雑な利権は、本人と契約を交わしただけでクリアできるものではなく、ここは全女が一歩引くしかなかった。

気の毒なのは、そこまで格闘技戦用の準備をしてきた井上京子である。

いまさら別のカードを組むことはできないし、最悪の場合、ドームに出られない、という危険性もあったが、幸か不幸か、V☆TOPトーナメントが1枠、空いていた。

「いまとなってはあの枠に誰を入れようとしていたのか覚えていないんだよね。よく千種と交渉して決裂したんじゃないか？　と言われるんだけど、それだけはない。だって俺は千種にオファーすら出していないから（苦笑）。

まぁ、結果的にその枠に京子を入れることで丸く収まったんだけど、京子には気の毒なことをしたね。もっと気の毒だったのはさ、京子は1回戦負けで終わったけれど、同じ1回戦負けの豊田（真奈美）のほうが何倍もギャラがよかったんだよね。これはもう社内の、というか松永兄弟の評価なんだけど、そりゃ、憤るよね」（ロッシー小川）

一方でWWF（現・WWE）に参戦していたブル中野が一夜復帰し、WWF世界女子チャンピオンのアランドラ・ブレイズ（日本ではメドゥーサのリングネームで闘っていた）に挑戦する、というドームならではの華やかなカードがセミファイナルで組まれた。

セミといっても、普通の興行のセミとはわけが違う。

V☆TOPトーナメントの準決勝が終わり、決勝戦がはじまるまでの枠に組まれる試合。ここまで北斗が勝ち残っていた場合、メインは北斗が勝っても負けても、おそらくしんみりしたムードに包まれる。だから、セミで1回、ビシッと締める必要がある。そういう意味でも、非常にわかりやすい「凱旋マッチ」はこのポジションにぴったりハマった。
「そりゃ、そうですよ。ブルがWWFにあがるときに『東京ドームでは一時帰国し、世界王座に挑戦させること』という条件をつけておいたんだから。もう、このカードはその時点で決まっていたんだよね」（ロッシー小川）
ドームの目玉カードで唯一、計算通りにいったのはこの試合だけだったわけだ。とはいえ、興行の中では非常に大事なポジションにはなるけれども、これもまた直接、大量の券売に結びつくようなカードではない。こうして、大量のチケットが売れ残ったまま、東京ドーム決戦は当日を迎えることとなった。

実数2万人、されど赤字にはならず！

1994年11月20日。

ついに迎えた『憧夢超女大戦』。

蓋を開けてみれば客席はガラガラということもなく、ざっくり言えば「うっすら埋まっている」という状態だった。

主催者発表は4万2500人（満員）。

[DATE]
場　所：東京ドーム（東京都文京区）
開催日：1994年11月20日（日曜日）　14時開始　23時54分終了
観　衆：42,500人（主催者発表）　※試合結果は239ページ参照

第13試合　ブリザードYukiデビュー戦（30分1本勝負）
〈全日本女子プロレス〉ブリザードYuki　VS　〈全日本女子プロレス〉吉田万里子

第14試合　V★TOP WOMAN日本選手権トーナメント1回戦（30分1本勝負）
〈全日本女子プロレス〉堀田祐美子　VS　〈FMW〉コンバット豊田

第15試合　V★TOP WOMAN日本選手権トーナメント1回戦（30分1本勝負）
〈全日本女子プロレス〉北斗晶　VS　〈LLPW〉イーグル沢井

第16試合　V★TOP WOMAN日本選手権トーナメント1回戦（30分1本勝負）
〈全日本女子プロレス〉アジャ・コング　VS　〈全日本女子プロレス〉豊田真奈美

第17試合　V★TOP WOMAN日本選手権トーナメント1回戦（30分1本勝負）
〈JWP〉ダイナマイト関西　VS　〈全日本女子プロレス〉井上京子

第18試合　ミスレスリング・ユニバース・タッグサミット（45分1本勝負）
〈全日本女子プロレス〉井上貴子、〈JWP〉キューティー鈴木　VS　〈FMW〉工藤めぐみ、〈JWP〉福岡晶

第19試合　みちのくプロレス・憧夢ルチャ天国（60分1本勝負）
ザ・グレート・サスケ、SATO、獅龍　VS　スペル・デルフィン、新崎人生、愚乱・浪花

第20試合　V★TOP WOMAN日本選手権トーナメント準決勝（60分1本勝負）
〈全日本女子プロレス〉北斗晶　VS　〈FMW〉コンバット豊田

第21試合　V★TOP WOMAN日本選手権トーナメント準決勝（60分1本勝負）
〈全日本女子プロレス〉アジャ・コング　VS　〈JWP〉ダイナマイト関西

第22試合　WWF世界女子選手権試合（60分1本勝負）
〈王者〉アランドラ・ブレイズ　VS　〈挑戦者＝全女〉ブル中野

第23試合　V★TOP WOMAN日本選手権トーナメント　優勝決定戦（時間無制限1本勝負）
〈全日本女子プロレス〉北斗晶　VS　〈全日本女子プロレス〉アジャ・コング

BIG EGG WRESTLING UNIVERSE

憧夢超女大戦

[全対戦カード]

第1試合 超女大戦オープニングマッチ（20分1本勝負）

〈全日本女子プロレス〉チャパリータASARI・〈フリー〉ボンバー光 VS 〈JWP〉矢樹広弓・〈JWP〉萱生裕美

第2試合 憧無超ミゼット小戦（時間無制限1本勝負）

グレート・リトルムタ・ブタ原人 VS 角掛シルバーX

第3試合 全日本ジュニア選手権試合（20分1本勝負）

〈王者＝JWP〉キャンディー奥津 VS 〈挑戦者＝全女〉玉田りえ

第4試合 テキスト・オブ・レスリング（30分1本勝負）

〈全日本女子プロレス〉みなみ鈴香 VS 〈GAEA JAPAN〉KAORU

第5試合 全女ファイティング・グローブⅡ（2分5ラウンド）

〈全日本女子プロレス〉前川久美子 VS 〈埼玉ジム〉シュガーみゆき

第6試合 アマチュアレスリング（4分1ラウンド）

〈代々木クラブ〉浜口京子 VS 〈フランス〉ドリス・ブリンド

第7試合 アマチュアレスリング（4分1ラウンド）

〈日体パンサーズ〉山本美憂 VS 〈フランス〉アナ・ゴメス

第8試合 全女vsシュートボクシング格闘対抗戦（3分5ラウンド）

〈全日本女子プロレス〉伊藤薫 VS 〈大阪ジム〉石本文子

第9試合 ビッグハート・パワーコンテスト（30分1本勝負）

〈GAEA JAPAN〉長与千種 VS 〈全日本女子〉レジー・ベネット

第10試合 全女vsLLPW憧夢サバイバルウォー（30分1本勝負）

〈全日本女子プロレス〉山田敏代・渡辺智子 VS 〈LLPW〉神取忍・二上美紀子

第11試合 UWA世界女子タッグ選手権（60分1本勝負）

〈王者チーム＝全女〉三田英津子・下田美馬 VS 〈挑戦者＝LLPW〉紅夜叉・長嶋美智子

第12試合 レジェンド・オブ・メモリアルファイト（10分間エキシビジョン）

ライオネス飛鳥・小倉由美 VS ジャガー横田・バイソン木村

言うまでもなく、これは公称、である。

当時、プロレス興行でスタンドとグラウンドの客席が埋まると、だいたい6万5000人前後の数字で発表していた。

元はといえば、プロ野球開催時に超満員になると5万6000人で発表していたことが諸悪の根源で、その数字にアリーナ席を足したら、6万5000人ぐらいで発表しないと辻褄が合わなくなる。しかし、実際には東京ドームのスタンド席は4万6000席ぐらいしかなく、プロ野球の観客動員数が1万人ほど水増し発表されていたのだ。

水増しされた数字を基にしているから、プロレスの動員数はめちゃくちゃ多いものになる。全女が発表した4万2500人は、新日本プロレスが超満員になったときの「見た目」から、ざっくり2万5000人ほど削った、という感じだったのだろう。

近年、新日本プロレスでは東京ドームの動員数を実数発表するようになった。全女のドームよりも明らかに埋まっている2018年の東京ドームの観衆は3万4995人。そこから逆算していくと、あの日の実際の動員数はなんとなく見えてくる。

「詳しい数字はわからないけど、たぶん2万人いたかいないかぐらいじゃないの？　そりゃ、たくさん入ったほうがいいに決まってるんだけど、じつはあの入りでも赤字にはなっていないんですよ。だから、興行的にはけっして失敗とはいえないんだよね。黒字っていうか、前

ついに幕を開けた女子プロレス初の東京ドーム興行。豪華な入場ゲートに派手な演出がお祭り感を煽る。入場ゲートからリングへと続く花道の長さも話題になった。

売り券の売り上げはもう全女の金庫にはなかったんだろうけど（苦笑）、赤が出ていないんだから、失敗ではないんだよ」（ロッシー小川）

キャパの半分以下でも利益が出る。そこにはカラクリがあった。

「これはドームに限ったことではないんだけど、ビッグマッチのときに入場ゲートを組んだり、そこで派手な演出をやったりするでしょ？　あれにかかっているお金は、すべて『テレビ収録のための舞台装置』ということでフジテレビが払ってくれていたの。どんなに派手なことをやっても、全女は1円も負担しなくてよかった。

そうなると、全女が払うのは純粋に会場使用料と各団体に支払うギャラだけ。もちろん、いつもよりは色をつけて払ったけど、それでもとんでもない額にはならないわけで、2万人も来てくれれば、楽にペイできますよ。

まぁ、客席が空いていることは、会場に来たお客さんにはバレバレだったけど、映像や写真で見ると、それなりに入っているように見えたでしょ（それはメディアが必死に入っているように見える角度を探して、そこから撮っているからである！）。世間で言われているほど、大失敗ではないですよ」（ロッシー小川）

だが舞台裏では、とんでもない騒動が起きていたのである。

神取忍「北斗晶殴打事件」の真相

試合前、プレスルームには不穏な噂が流れていた。

「いま控室前の通路で神取が北斗を殴って、大変なことになっているらしい」

とはいえ、プレスルームから控室は直線距離で100メートル以上離れており、基本的に選手とスタッフ以外は立ち入り禁止になっているので、我々にはその噂を確認する術はなかった。ロッシー小川もその情報をトランシーバーで受けてはいたが、すでに試合がはじまっていたので、控室まで動く余裕はなかった、という。ならば、その場にいた風間ルミに聞くしかない。

「まず大前提として、神取は北斗に対してイライラしていたんですよ。引退するのかしないのかはっきりしないし、どうなってるんだ、と。神取に負けて引退を表明したのに、なんの説明もないから、そのあたりはカリカリしていたので、ドームに入る前に『お願いだから、手を出したりしないでね』と釘は刺しておきました。

でもね、タイミングが悪いというか、たまたまエレベーターで神取と北斗が遭遇しちゃったみたいで、『エレベーターの中に北斗がいたから舌打ちしてやった』と（苦笑）。ただ、それでも手を出さなかったみたいなので安心していたんですよ。

あの日は控室の周りにみんながモニターを見られるスペースがあったので、そこで試合を見ていたんですよ。そうしたら急にうしろのほうが騒がしくなって、人だかりができている。よく見たら、その中央で神取と北斗が揉めてるんですよ！　慌てて止めにはいりましたよ。私が北斗を押さえて、神取はブルちゃんだったか、堀田だったか、とにかく全女の選手が必死に引き離してくれて。もう『あ〜あ、やっちゃった』って感じですよね。神取に聞いたら、ムカついたから廊下でスレ違ったときにボディーへ一発、入れてやった、と」（風間ルミ）

そのパンチがどれほど本気の一発だったのかはわからないが「北斗はたまたまパンフを持っていたので、ダメージを受けずに済んだ」というのが定説になっている。普通に考えたら、そんなもので？　となるところだが、あの日のパンフはとにかく分厚かった。

「せっかくだから、今までの中でいちばん厚いパンフにしようと思ったんだよ。パンフが売れることとは、これまでのビッグマッチで分かっていたし、100ページ近くあったんじゃないかな？　とにかく、とんでもないボリュームの一冊にこだわった」（ロッシー小川）

もし、2〜3冊を抱えるように持っていたとしたら、かなりの厚みになるので、よっぽどおもいっきり殴りつけない限りは、かなりダメージを和らげる効果があったと思われる。試合に影響が出なかったのは不幸中の幸いだったが、ドームは不穏な空気で包まれた。

史上初のドーム興行にふさわしく、大会パンフレットも豪華仕様。全96ページに選手インタビューや識者が選ぶ女子レスラーオールタイムベスト10など盛りだくさんな内容。

イーグルが北斗に「ガチ」を仕掛ける？

北斗殴打事件の噂に続いて、関係者のあいだでは「トーナメント1回戦で北斗と当たるイーグルが、どうやらシュートを仕掛けるらしい」という、とんでもない情報が飛び交っていた。

「その話、よく聞くんですけど、どこから情報が流れるんでしょうね？　そっちのほうが怖いですよ（苦笑）。あのぉ、それは神取が北斗を殴ったこととは関係ないんですよ。ただ、なにかあったら潰しちゃえ、という考えは頭にあって、ドーム前日にも道場に集まって練習はしているんですよ。ただ、誤解されている方がいるみたいですけど、腕を折ってやろうとか、頭から落としてやろうとか、そういう話ではなくて、どうすれば確実に押し潰すことが出来るかって話なんですよね。

イーグルがどの角度でパワーボムをかけて、そこからどういう体勢で全体重をかければ確実に北斗を押し潰して、3カウントがとれるかってこと。一応、セコンドには私と神取、あと半田がついたんですけど、控室での乱闘騒ぎのこともあって、陰では尾崎と長与も応援してくれて、たしかに結構な話になっていた。まぁね、イーグルは優しい性格なんで、なにかあったとしても、そういうことはできないんですよ。私か半田だったら？　うーん……やっ

不穏な雰囲気が漂っていたV☆TOPトーナメント1回戦の北斗vsイーグル沢井戦。しかし、イーグルはあくまで試合に集中。よもやの事態は起こらなかった。(写真提供:東京スポーツ)

ちゃってたね（キッパリ）。

試合が終わった瞬間、セコンドについていた神取が『なんだよ』って舌打ちしたんですよ。だから、もう私は『イーグルはイーグルなりに精一杯やったんだから、イーグルの前で舌打ちしちゃダメだよ！』って（苦笑）。あの試合だけは特殊な緊張感でしたね、たしかに」（風間ルミ）

もはや全女とLLPWのあいだに信頼関係はほとんどと言っていいほどなかった。この状態で神取がトーナメントに出ていたとしたら、どんなアクシデントが起きていてもおかしくなかった。LLPWの代表がイーグル沢井になったことは券売の面ではマイナスだったが、興行が最後まで事故なく終わるためにはベターな選択だったのだ。

まったく関係のないところで起きてしまった事故としては、ブリザードYuki（長谷川咲恵が扮したマスクウーマン。同名漫画とのタイアップだった）の入場時にスタントマンがかなりの高さから落下。それを目撃してしまったYukiは動揺で試合にならなかった、というアクシデントはあったのだが、団体同士、選手同士のいがみ合いを端緒とする事故はなんとか起きずに済んだ。

一方、FMWの工藤めぐみはJWPの福岡晶と組んで、キューティー鈴木&井上貴子と激突。トーナメントの1回戦がすべて終わったタイミングで組まれた、いわゆる「お祭りカード」である（このあとにはみちのくプロレス提供の6人タッグが組まれ、その後、トーナメントの準決勝の幕が開く）。

「私は自分からこういうカードをやりたい、と対抗戦で主張したことは一度もないんですよ。だいたい荒井さんから『こんなオファーが来ているんだけど、どうかな？』って聞かれて、基本的には『わかりました』って受けてきました。

東京ドームも同じですね。ただ、カードを見た瞬間に『あぁ、アイドル枠ってことね』と。別にアイドルレスラーと呼ばれることに抵抗はなかったんですけど、他の団体のアイドルレスラーはちゃんと覚悟を持ってやっているわけじゃないですか？　きっと会社からもそういう売り方をされて、それを理解した上でやっている、というか。

でも、私はヒールとしてFMWに乗りこんでいって、ベビーに転向したあとも、まったく会社からはなにも言われてなくて。あとから『歌手デビューするから』とか『フォトブックを出すから』って、後付けでアイドル的な仕事が増えていったんですけど、自分がアイドルレスラーだという感覚はまったくなかったのね。まぁ、でも、こういうカードを組まれたら、私はアイドル枠なんだな、と。アハハハ。

新鮮だったのは、控室でパートナーの福岡選手が、まるで昔からの知り合いだったかのように話しかけてくれたこと。ちゃんとお話しするのは、このときがはじめてだったのに、ずーっとおしゃべりしてくれて。そっか、対抗戦っていうか、交流戦みたいな試合ではこういうこともあるんだなって。ずっと孤立してたので、FMWは（笑）。

だから、なんの気負いもなくドームのリングに立ったんですけど、私たちは普通に花道を歩いてきたのに、相手の入場を待っていたら、いきなりステージ上に大きな風船が出現して、それが割れたらキューティー選手と貴子選手が出てきたの。さすがにそれには『同じアイドル枠なのに、そこまで露骨に差をつける？』とムッとしました（苦笑）。いい思い出ですけどね、東京ドームにあがったのはあれが最初で最後なので」（工藤めぐみ）

そんな演出も挟みながらの全23試合＆セレモニー。

当然のことながら、時間はどんどんかかり、メインを迎えるころには23時を軽く超えていた。これには「全女はなにも学習していない！」と怒りの声が挙がったが、ロッシー小川は「いやいや、横浜アリーナは日付をまたいじゃったけど、東京ドームは一応、11月20日のうちに終わっているからセーフでしょ」。これぞ全女イズム、である。

そして引退の結論が出ないまま、幕――

結局、V☆TOPトーナメントの決勝戦はアジャ・コングvs北斗晶となった。

ＦＭＷの工藤めぐみは第16試合に出場。ミスレスリングユニバース・タッグサミットと銘打ち、福岡晶と組んで井上貴子＆キューティー鈴木組と戦った。（写真提供：東京スポーツ）

ＪＷＰのエース、ダイナマイト関西は準決勝でアジャに惜敗。その試合はセミ前に行なわれたので、事実上、最後までリングに立っていた全女以外の選手は関西、ということになる。

「それは仕方ないですよね。まぁ、僕としては関西が負けた時点で、あとは完全に観客の立場でドーム大会を体感できましたけど（笑）、いや、経営者としては、とてもじゃないけど、ドーム興行なんて怖くてできないですよ！　それをね、すべてのリスクを全女さんが背負ってくれるという贅沢なシチュエーションで、最後の最後まで楽しませてもらえたわけで、こんなにありがたい話はないですよ」（ヤマモ）

そして、決勝戦では北斗が勝って、日本選手権のベルトを腰に巻いた。

だが、10カウントゴングが打ち鳴らされることもなく、ぼんやりとした感じで終了。ややこしいのは、この時点でアジャがＷＷＷＡ世界シングル選手権を保持していたこと。アジャが赤いベルトを北斗に手渡し（北斗は現役のあいだに、このベルトを巻くことはできなかった）、そのベルトを花道に残したまま、北斗はリングを去ってしまった。

最後にリングで言い放ったのは『私のこと、もっと見たいか！』。大歓声に応える形で北斗は「来年もドームがあるなら、そのときは必ず戻ってくる」と言い放った。

これを受けて、全女が来年もドーム大会を開催するのか、という噂も流れたが、誰もが「これが最初で最後」と認識し、赤字にはならなかったといえど、パッとしない観客動員しか

北斗とアジャとのあいだで争われた初代日本選手権。20分を超える死闘の末、最後は北斗が十八番のノーザンライトボム3連発で戦いに終止符を打った。（写真提供：東京スポーツ）

マークできなかったドームに「つづき」があるとは思えない。

じつはこの時点で北斗晶はロッシー小川から「来年4月に週プロが東京ドームで興行を打ち、全女も参戦する」という情報を得ていた。この謎かけのようなラストマイクは、翌年4月まで引退問題を先送りにするためのひとことだったわけだ。

とにもかくにも、さまざまな「含み」を残して終わったわけだが、1年間、北斗の引退で引っ張ってきたことを考えると、なんとも消化不良なエンディングとなってしまった。結果として1995年も「北斗は復帰するのか？」をテーマに、まだまだビッグマッチ路線を継続することができたのだから、皮肉なものだ。そう、対抗戦ブームのピークを越えたところで開催された東京ドーム大会だが、収益的にはプラスで終わり、なおかつ対抗戦ブームはバブルが弾けた状態ではあるが、まだ日本武道館や大阪城ホールをフルハウスにする勢いで継続していく。東京ドームはけっして「最終回」ではなかったのだ。

【第五章】

平成9年10月21日

――対抗戦バブル、崩壊。そして、全女解散…

アフタードームの余韻、続く

さて、ここまで書いてきたように東京ドームでの『憧夢超女大戦』は大成功でもなければ、大失敗でもない、という、なんとも微妙なエンディングを迎えた。

「はじめに」でも書いたが、なぜか、この『憧夢超女大戦』を「大失敗でブームを終焉させた」ということにしたい人が世の中にはたくさんいるようで、ネット上の情報だけを漁っていると、それが史実のようになってしまっている。

だが、現実は違った。

アフタードームも、まだまだ女子プロレスの人気は続いていく。

ただし、94年から動員が下降線を描きだしてきたことはたしかで、対抗戦バブルは弾けてしまっていた。とはいえ、バブル経済が弾けたあとも、しばらく世の中はバブルの余韻で浮かれ、表面上は好景気が続いているように見えたように、アフタードームの余韻はしばらくのあいだ、続いた。

もし、女子プロレス業界が一丸となって「東京ドームを絶対に満員にしよう！」と結束していたら、あの動員数では大失敗となるし、本当にあれが「女子プロレス最後の日」になっていたかもしれない。

だが、皮肉なことに各団体がドームでの興行に対して、そこまで協力的ではなかったことで、業界全体がイッキに沈むような事態にはならなかった、ともいえる。

この章に関しては、やや時系列が崩れてしまう部分もあるが、各団体の動きを追いながら、ドーム以降の女子プロレスがどうなっていき、そして本当の意味でブームが終焉していったかを綴っていこうと思う。

ＬＬＰＷ、全女と絶縁！

まず、ＬＬＰＷが全女との関係にピリオドを打つ。

「ドームが終わったあとだったかな？　もう私のほうから提案したんですよ。『これ以上、対抗戦を続けていたら、自分たちの興行にお客さんが入らなくなりますよ。もうオールスター戦みたいなものを年1回なら1回、と決めませんか？　それを各団体で持ち回りで主催しましょうよ』って。

最初は松永会長も『それ、いいな！』とおっしゃってくださったんですけど、なにも変わる気配がなくて（苦笑）。マンネリでお客さんが入らなくなるのも困りますけど、私が危惧していたのは、対抗戦を通じて、ケガをする選手が続出したんですよ。このペースで対抗戦を続けていたら、さらにケガ人が出る。だから、もっと選手の体のことを考えましょうよ、とも言ったんですけど、まったく通じませんでしたね。

ついには『ウチは対抗戦の需要がなくなっても大丈夫だから！　またビューティとかクラッシュみたいな存在が出てくるから！』って言われたので、さすがに私も『それはいままで全女さんしか団体がなかったからですよね？　いまはこんなにたくさん団体があるんですから、いままでのようにはいかないですよ』って言い返しました。最終的には『もう全女さんとは一切、絡みません』と。散々、騙されて、嘘をつかれて、もういいやってなったんですよね」（風間ルミ）

事実、1995年から月に一度の後楽園大会には全女の選手を招聘しておらず、基本、純血メンバーのみで開催している（例外として、LLPWに渡っていた全日本タッグのベルトを奪還するため、全女勢が一度だけ参戦）。逆に全女の横浜アリーナや日本武道館でのビッグマッチにもLLPWの選手は参戦していない。

JWPとの関係も断絶していたので、全女との外交を止めてしまうと、事実上の鎖国状態になってしまうが、おそらく風間ルミの頭の中には4月に旗揚げを控えているGAEA　JAPANの存在があった。幻で終わってしまった神取忍と長与千種の対決が、全女を絡めなければ実現の可能性が高まる（翌年4月、初のタッグ対決が実現）。他団体時代突入で「全女抜き」での対抗戦でも、十二分に勝算が出てきたのである。

「ウチとやりたくないなら、もういいですよ！」

ＬＬＰＷが一歩、引いたことで全女はビッグマッチを「オールスター戦」とは称せなくなったが、相も変わらず、業界トップとしてのプライドは崩さなかった。

「俺は俺なりに他団体には気を遣っていたんだよ。それでも厳しく見えたのか国松さん（ジミー加山レフェリー）からは『おい、小川。もっと他団体の選手に優しくしてやれよ』と言われたりもしたんだけど、逆に松永会長からは『他団体に気を遣うことなんてないからな。全団体、すべての選手をウチの人間だと思ってカードを組め！』と。会社というか、松永兄弟の中でも意見は割れていたんですよ。

ただね、さっきも言ったように、俺の仕事は『全女がイチバーン！』であることを守る、だったから。そこは折れなかったし、交渉で揉めたときには、こっちにも殺し文句があったからね。『あぁ、そうですか。ウチとやりたくないなら、もういいですよ』と（笑）。だいたいはそれで話は収まったんだけどね」（ロッシー小川）

しかし、ここまでの証言を読んでいただければわかるように、ＬＬＰＷとの交渉にロッシー小川は関わっていなかったため、その殺し文句が発動することもなかったのである。

一方、ＪＷＰは全女と良好な関係を続けてはいたものの、初の両国国技館大会（１９９５年６月16日）では全女からの参戦は玉田りえと前川久美子の若手２人だけ。しかも対抗戦ではなく、元全女の能智房代と前川がタッグを組み、玉田＆本谷香名子と対戦する〝交流戦〟だった。

メインにはダイナマイト関西と長与千種の一騎打ちが組まれ、全体的にＧＡＥＡ　ＪＡＰＡＮとの絡みが前面に打ち出された大会となった。

「ＧＡＥＡさんとは最初はうまくいっていたし、なかなか面白い試みも出来ていたんですよ。後楽園ホールで昼夜興行をやってみたりね。ただ、フロント陣がプロレス畑の人たちではなかったので、いろいろと話が通じないことも多くて……残念でしたね。

ウチは観客動員も堅調でした。一度、小島さんが地方会場に取材にいらしたときに、リングサイドから会場をぐるっと眺めて『山本さん、これで収益が出るんですか？』と聞いてきたことがあったんですよ。満員にはなってなかったから、そう感じたんでしょうけど、それぐらいの入りでもちゃんと採算がとれるような経営をしていました。本当は事務所も広くて綺麗なところに引っ越せたんですけど、そこはもう訪れる人たちに『そんなに儲かってない

ですよ』というポーズをとるために、あえて小さくて古い事務所から動かなかった。同情されたほうが得ですから」（ヤマモ）

ほぼ全女の力を借りずに、両国国技館に1万人以上の観衆（主催者発表1万1100人）を集めてみせたJWP。「損して得取れ」の繰り返しで、団体の力は着実に大きくなっていった。

GAEA JAPAN「衝撃」の旗揚げ

1995年4月15日。

長与千種が率いる新団体『GAEA JAPAN』が後楽園ホールで旗揚げする。既存の選手は長与のほかにKAORU（全女からユニバーサルプロレスに移籍。その後、フリーを経て、GAEA入団）、ボンバー光（元ジャパン女子プロレスの村光代）の2人だけ。残りの所属選手はすべて旗揚げ戦がデビューとなる、という異色の団体だった。

だが、この独自性が話題を呼ぶ。

しかも、千種が手塩にかけて育てた選手たちは、デビュー戦からハイレベルな闘いを見せて「驚異の新人」と大絶賛された。他団体の世代交代が遅々として進まない中、GAEAは一夜にしてニュースターを大量に輩出。さらにJWPのみならず、FMWとも交流を深め、ある意味「東京ドーム以前」の女子プロレス界とは、まったく違う流れを構築することに成功する。

僕は当時、GAORAで放送されていた『格闘チャンプフォーラム』にGAEA JAPANの解説者として毎月、出演していたので、長与千種とは試合会場と収録スタジオで必ず月2回は顔を合わせていたし、道場にもたびたび取材に訪れていた。

彼女はけっして野望のようなことは口にしなかったが、この路線を続けていけば、確実に成功する、という手ごたえは間違いなく感じていた。

本人が現役バリバリでメインを張れる。

クラッシュ時代のファンが結構な数、千種の復帰を待っていてくれたので、ある意味、観客動員はそんなに心配する必要もなく、その舞台で自分が育てたレスラーをプロデュースし、自在に動かすことができる。

アフタードームの余韻が残っているうちに旗揚げできたGAEAは、いろいろな意味で「間に合った」のである。

タイミングが悪かった吉本女子プロレス

ＧＡＥＡが「間に合った」としたら、「間に合わなかった」のが吉本女子プロレス『Jd'』だった。

東京ドームでの入場式にも「準備中」のプラカードを持って虎のぬいぐるみが参加しているが、この団体がプレ旗揚げ戦を行なうのは１９９５年12月24日。正式な旗揚げ戦は翌１９９６年４月14日。そのころには、さすがにもう女子プロレス人気は下火になっていた。冷えたマーケットへの新規参入はあまりにもタイミングが悪すぎた。

とはいえ、吉本興業がバックについているわけで、資本力もメディアへの発信力もある。うまく転べば面白いことになっていたかもしれないが、ジャガー横田がコーチに就任した時点で「あぁ……」となってしまった。

当初、エースにはバイソン木村が据えられていた。そこにライオネス飛鳥、白鳥智香子、李由紀が参戦。ＧＡＥＡがそうだったように「全女的ではないもの」を提供できれば、ブレイクの余地もあったが、ジャガー横田がコーチ（選手としても参戦）になったことで、確実にいい選手が育つ、という保険がかかったのと同時に極めて「全女的なもの」ができあがることは目に見えていた。しかも、バイソンはジャガーの直弟子である。その上下関係もおそらく崩れないだろう。これでは画期的な展開は期待できない。

ただ「吉本は本気だ！」と思わされたことがある。

CS放送で試合中継を流すとき、僕は解説者として呼ばれたのだが、なんとゲスト解説として桂三枝（現・文枝）師匠がやってくるという。

スタジオでの顔出しがあるわけでもなく、密室で僕と二人で小さいモニターで試合を見ながら、声だけを入れていく、という地味な作業。間違っても三枝師匠がやるレベルの仕事ではない。当時「覆面コミッショナー」として、リングに登場することもあったけれども、単なる客寄せパンダではなく、真剣にプロレスに向きあっているんだな、とそのとき思った。

こんなときに限って、編集トラブルが起こり、収録開始が2時間ほど遅れる、という話がいざ収録、というタイミングで入ってきた。さすがに2時間もお待たせするわけにはいかないので、ここは僕ひとりでやろう、ということになったのだが、三枝師匠は「いやいや、待ちますよ。ちょうどいい、小島さん、女子プロレスについて教えてください！」。

結局、準備が整うまでの2時間、近くにあるステーキハウスで食事をしながら、僕は三枝師匠に女子プロレスの現状をお話しした。ただ聞いているだけではなく、どんどん質問もしてくるので、正直に「もうブームは峠を越しました。吉本さんの参入は遅すぎたと思います」とも伝えると、三枝師匠は「そうでしょうなぁ～」と天を仰ぎ、それでもうまくいく方法はないだろうか、と可能性を模索した。

あと2年早かったら……この熱意と資本力は歴史を変えていたかもしれない。

旗揚げ戦のメインはバイソン木村vs豊田真奈美。

その試合前に僕は花束を贈呈するため、リングに上がっていた。

どうして全女担当記者がここで花束を贈呈するのか？　よくわからないまま豊田真奈美に花束を渡そうとすると、慌てたリングアナが「バイソン選手から渡してください！」。えっ主役には最後に渡すもんじゃないの？　戸惑いつつ、バイソンに渡し、続けて豊田に花束を贈ろうとした瞬間、いきなり、さっき渡したばかりの花束でバイソンが僕に襲いかかってきた。

人間、不意討ちを食らうと、本当に全身の力が抜けるものだとはじめて知った。めちゃくちゃ痛かったけれど、ここはリングの上だ。そして、おそらく、すぐにメインイベントのゴングが鳴る。咄嗟に頭を抱えながら倒れこみ、そのままクルクルっと転がりながら、リング下へと転落した。

それを見ていたJd'の卯木社長は「さすが、うまいですね！」と大ウケしていたが「えっ、なんにも聞いてないんですけど？」と答えると、顔を真っ青にして絶句した。どうやら卯木社長と山本編集長のあいだでは、バイソンが「週プロ、吉本女子をナメるな！」と僕を襲撃することから、なんらかのストーリーが展開するように裏で話がついていたようだった。

なぜか、その話が僕まで降りてこないで、いきなりブン殴られてしまったので、もう「?」しかなかったが、いったい、ここからどんなドラマが展開されることになっていたのかは、すぐに山本編集長が退陣してしまったので、わからず仕舞い。

こんな古臭いやり方では、特段、話題を集めることはできなかったとは思うが……それよりもこのブームの裏で、僕たちにはバレないようにターザン山本が暗躍しまくっていたことのほうが驚きである。

北斗晶「辞めるのをやめた!」

1995年4月2日。

東京ドームで週刊プロレス主催による夢のオールスター戦『夢の懸け橋』が開催された。

国内のほぼ全団体が出場する夢の祭典。問題は試合順だが、そこは揉めないように「旗揚げがもっとも古い団体がメイン」ということに。これでメインが新日本、セミが全日本という順序に、とりあえずの理由ができた。

しかし、本当はそうではないのだ。

この時点で旗揚げがもっとも古いのは新日本ではなく全女だった。なので、このルールを採用するならば、メインが全女でセミが新日本、その前に全日本という順番になってしまう。これはマズい。絶対に話はまとまらない。

そこで女子3団体（全女、JWP、LLPW）は別枠にし、女子の試合が終わったところでセレモニーを挟み、そこから男子でもっとも新しい剛軍団から旗揚げ順に試合をやっていく、という流れになった。

本来であれば女子の試合はLLPW→JWP→全女の順になるのだが、そこは即座にヤマモが「ウチがトップバッターでやります！」と申し入れ、それがすんなり通った。まさに言ったもん勝ちの世界だが、こういうときは機を見るに敏な団体が得をする。「だって、どう考えても一番おいしいじゃないですか」というヤマモの勘がズバッと当たった。

だが、女子でおいしいところを持っていったのは引退状態にあった北斗晶だった。

第4章で書いたように、このドーム大会の存在を知っていたロッシー小川は、前年の東京ドームで北斗に「来年もドームがあったら、必ず戻ってくる！」と言わせている。

だが、北斗がそれをどこまで理解していたのかは、なんとも微妙だ。

実はこの大会の前に、関係者用のIDカードを会社に申請しなくてはいけなくなり、念のため、北斗に「ドーム、来る？」と連絡すると「もう私の出る幕じゃねーだろ」と、来場しないことを告げられているからだ。

それがドーム前日になって、いきなり北斗から電話がかかってきて「やっぱり、明日のドーム、入れないかな？」。なんとか関係者席をキープしたが、結構、ドタバタの中で決まった来場だったのではないか？

北斗の来場の理由はたったひとつ。

前年約束したように「今年もドームがあったから帰ってきた」というのは表向きの理由。主目的は試合終了後にマイクを持って「もう引退騒ぎは終わりだ。辞めるのをやめた！」と超満員の観衆の前で引退を撤回することだった。

他の媒体からは顰蹙《ひんしゅく》を買いまくっていたイベントだったので、この『夢の懸け橋』は週プロ以外ではほとんど報じられることはなかったが、この『北斗引退撤回』だけは例外的にスポーツ紙が大きく扱った。それだけのビッグニュースだったのである。

すでにレイナ・フブキとしてメキシコではファイトしているので、実質、ブランクはない。このあとアントニオ猪木が主催する北朝鮮での『平和の祭典』に出場し、夏には全女マットに復帰する段取りになっていた。

全女も対抗戦に頼らないビッグマッチを構築していく必要があった。

6月の札幌大会で復帰し、8月の大阪府立体育会館を経て、9月の日本武道館ではメインに立つ。前年は引退カウントダウンの3大会限定出場だったため、札幌や大阪のファンはしばらく北斗の試合を生で観ていないから、これは興行的に切り札になる。

結果的に94年は試合をしないことで価値をキープし、95年は復帰をすることで話題性を振りまく。しかも佐々木健介との結婚、というおまけつき。まさに「北斗の時代」は続いていたが、1995年の「主役」は北斗晶ではなく、豊田真奈美だった。

豊田真奈美が「女王」になった1995年

3月の横浜アリーナで豊田真奈美はアジャ・コングを破り、はじめて赤いベルトを巻いた。

対抗戦がひと段落ついたところで、全女のトップ交代劇。このまま時代を変えていくのかと思いきや、6月の札幌ではアジャとのリターンマッチに敗れ、3カ月天下で終わってしまう。

だが、豊田が真の女王となるための道はすでに出来あがっていた。

札幌大会で復帰した北斗との一騎討ちが9月の日本武道館で決定したのだ。

プロレスのセオリーとして、こうやってベルトを落とした選手は、次なるビッグマッチで負けることが多い。というか、ベルトを巻いているあいだは、その価値を下げないためにも、ノンタイトル戦で負けそうな試合は組まれない。

そう考えると、武道館では豊田が北斗に負ける、と予想するファンが圧倒的に多くなる。ところが豊田は「掟破りのノーザンライト・ボム」を連発して、北斗に完勝。この結末には超満員の日本武道館が爆発した。

豊田時代、到来！

しかし、この時点では、まだよく見えない部分も多かった。武道館を満員にしたのは、間違いなく北斗復帰という話題性あってのもので、豊田にどれだけの動員力があるのかは、はっきりとわからない。こればっかりは次のビッグマッチに何人集めることができるかでジャッジするしかないのだが、肝心の赤いベルトを落としてしまった。

その赤いベルトは武道館の3日前の大阪府立体育会館で、アジャからダイナマイト関西へと移動していた。東京ドームでのトーナメントに関西を出場させたJWPへの見返りが、このタイトル挑戦であり、そのチャンスを関西は見事にモノにした。

赤いベルトが他団体に流出するという異常事態。これを取り戻しに行くのは、もう豊田真奈美しかいない。

北斗を破った豊田が、他団体に流出していた至宝を奪還する。まさに1年がかりで豊田の「女王獲り」への道が敷かれていた。

結果から言ってしまえば、年末の両国国技館で豊田は関西から赤いベルトを奪取する。

豊田はドーム後の武道館で復帰した北斗に快勝。アフタードームの主役に躍り出たが、この試合を頂点に観衆の熱狂は徐々に冷めていくのだった。（写真提供：東京スポーツ）

本当だったら、これが1995年のクライマックスになるべきところなのだが……これは会場で取材していた僕の体感だが、観客の熱量も熱狂度も、武道館のほうが遥かに上だった。僕の主観ではあるが、東京ドーム後の熱狂の頂点は武道館で豊田真奈美が北斗晶から3カウントを奪った瞬間で、それをピークにあとは下降線をたどりはじめていったように感じた。豊田真奈美が女王の器ではなかった、という意味ではない。あのタイミングでトップに立ってしまったことが、彼女にとって悲劇だったのだ。

炸裂する女のジェラシー

第4章で「全女と週プロの癒着」について書いた。

だが、そのことを選手はよくわかってはいない。いや、別に知らなくてもいいのだが、そのことがややこしい事態を招くことになる。

3月の横浜アリーナを前に全女と週プロが相乗りしてスタジオを借りて、豊田真奈美率いる『フリーダムフォース』の特写を敢行した。

それを週プロでは毎週のように掲載した。横アリを盛りあげるためでもあるし、横アリのパンフに似たような写真が掲載されてしまうので、それまでに写真を使いきってしまわないと、まるでパンフの写真を流用したように見えてしまうからだ。

　これにカチンときたのが井上京子だった。

「なんで週プロは豊田真奈美ばかり載せるのか？　週プロは豊田派か？」

　元も子もないことを言ってしまえば、全女と相乗りで撮影をしているわけで、週プロが、というよりも全女自体が豊田派だった、ということになる。会社が推そうとしている選手をメディアがプッシュしただけの話なのだから。

　とはいえ、そういった癒着関係を知らないから、京子の怒りはすべて週プロに向けられる。それが爆発したのが3月の大阪城ホール。トーナメントを制覇してWWWA世界タッグの第100代王者となった井上京子と井上貴子は、試合後の記者会見の席で「週プロは取材拒否します！　週プロにはコメントを出しませーん！　ここから出ていってくださーい！」と宣言したのだ。

　あの日、会見の場にいた記者からは「あんな光景、後にも先にもあのときしか見たことないよ！」といまだに興奮気味に言われるぐらい、とんでもない状況だったが、その場に居合わせたロッシー小川は「そんなことを気にしていたら、この仕事は務まらないよ。別に全女が取材拒否したわけじゃないんだからさぁ～」と軽く流した。あぁ、こういうことは全女内部では日常茶飯事なんだな、と察した。

数日後、貴子は「本気じゃなかったのよぉ〜。これからも週プロに載せてよね」と謝罪（?）してきたが、京子とはそのまま何年も絶縁状態が続いた。あいだに人が入って和解させようと動いてくれたりもしたが、お互いに意固地になってしまったようだ。もともと良い関係性を築いていただけに、こうなると本当に厄介だ。

そのまま実に21年間もの月日が流れた。

途中からまったく接点がなくなってしまったこともあり、ひとことも言葉を交わすことなく、時間だけが過ぎていった。

2016年の暮れ、ももいろクローバーZのイベントに井上京子が来てくれることになった。ライブの開場前に会場の脇に設置されたリングでファンに試合を披露する、という企画で、僕はリングサイドで生解説をする関係上、試合前に楽屋に行って、選手たちと打ち合わせをしなくてはいけなかった。

さすがに京子の楽屋をノックするときは緊張した。あの日のことをまだ覚えていたとしたら、めちゃくちゃ気まずい空気が流れるのは必至である。

しかし京子は「えっ、どうしたの？　アイドルの仕事してるんだ！　知らなかったよ。元気そうでなによりだよ。それよりさぁ、ももクロちゃんと記念写真を撮りたいんだけど！」と、笑顔で語りかけてきた。拍子抜けしてしまったが、21年前の禍根など、とっくに忘れてしまっていたのだろう。

これをもって「和解」と言っていいのかどうかわからないが、改めて、あの時代の女子プロレスは人間関係もガチだったな、と懐かしくなった。いや、もうあんなに緊張する現場の空気を味わうのはまっぴらごめんだが……。

ＦＭＷとＬＬＰＷが選んだ「道」

独自の路線を歩んでいたＦＭＷ女子だったが、１９９５年、大きな変化が起きる。

５月５日に大仁田厚が引退することは１年前からわかっていたのだが、それを前に団体内がゴタつき、なんとターザン後藤まで退団してしまう。

当初、工藤めぐみはこの年の５月に引退を表明するつもりでいたが、後藤の退団でそれどころではなくなってしまった。ハヤブサとの「２枚看板」として団体を引っ張っていかなくてはならないからだ。

ただ、女子を管轄していたターザン後藤がいなくなったことで自由度は大幅にアップした。対抗戦では他団体ににらみを利かせていた後藤だが、団体内でもかなり厳しい規律を選手たちに課していた。

ある意味、対抗戦に打って出るチャンスでもあったが、ＧＡＥＡ　ＪＡＰＡＮと絡むぐらいで、それ以外の団体とはあまり交流しなかった。

「私が求めるプロレスとはちょっと違ったんですよね。ウチの場合、ほかの団体と違って、しょっちゅう対抗戦を組めるわけじゃないでしょ？　ビッグマッチが中心になってしまうので、どうしても単発になってしまう。でも、プロレスってそうじゃなくて、長く続いていくところが面白いわけで、私はそれをＦＭＷの内部で極めようと思ったんですよ。

ただね、私がこういう考え方だったから、若い選手にはちょっと申し訳ないことをしたかなって思う。もしかしたら、もっと対抗戦に打って出ていきたい選手もいたかもしれないじゃないですか？　それはちょっと、ね」（工藤めぐみ）

１９９５年に関しては、ＦＭＷ女子の物語は「女子の有刺鉄線デスマッチは是か非か」のワンテーマでまわしていた。

５月の後楽園でシャーク土屋が女子としてははじめて有刺鉄線をリングに持ち込んだ。普通であれば、翌月の後楽園ですぐに有刺鉄線デスマッチを、というのが上手なビジネスのやり方なのだろうが、ＦＭＷはあえて「本当に女子の試合に有刺鉄線は必要なのか？」というメッセージをファンに投げかけ、３カ月以上、そのテーマで話題性をキープ。はじめて有刺鉄線デスマッチが行なわれたのは、９月の札幌大会だった。

しかも、このときは「メインイベントではないのでロープははずせない」という理由で、ロープに有刺鉄線を巻きつけ、エプロンに有刺鉄線ボードを設置する、という形式。正式なノーロープ有刺鉄線デスマッチが実現するのは、さらに3カ月後の後楽園ホール大会となる。

そこに至るまで、ほとんど同じ対戦カードが続くのだが、けっしてマンネリには陥らず、むしろ、緊迫感が増していく。これが工藤めぐみの求める「プロレス」であり、連続性の面白さは対抗戦では表現しきれなかった。この流れは翌年の女子では初となる電流爆破デスマッチ（1996年5月5日、川崎球場）へとつながっていく。神取忍や尾崎魔弓らとの対戦が続々と実現するのは、96年8月に引退を表明し、カウントダウンに突入してからである。「ウチは『ドレスアップ・ワイルドファイト』という名称でストリートファイトルールの試合をやっていたので、尾崎がぜひやりたい、ということで工藤さんにウチのリングに上がっていただきました。

それまでFMWさんとは、ほとんど絡みがなかったんですけど、失敗したな、と思いましたね。もっと、たくさんやっておけばよかった、と。だいたい他団体の選手がウチに上がるときはアウェーとなるので、当然、ブーイングを浴びるわけです。つまり、ヒールの立場になる。どの選手もブーイングには反応するものの、試合自体はいつもスタイルを崩さないんですけど、工藤さんは違った。実に憎々しげな表情を浮かべて、しっかりとヒールのファイトをするんですよ。本部席から見ていて『うわぁ、カッコいい!』と痺れましたね。あれこそが、まさに『プロレスラー』の姿。工藤さんはもっと対抗戦に出ていくべき存在だったと、引退間際になって気づきましたね」(ヤマモ)

そしてLLPWはバーリトゥード大会の『L-1』を1995年から開催する。

「せっかく知名度がアップした神取をもっと売り出すためには、これしかない、と思ったんですよね。プロレスの枠には収まらない強さなんだよ、というのを見せたかった。これも『女子初』だし、話題にもなるじゃないですか。

ちょうど海外でアルティメットファイトの人気が出てきた時期で、この大会を生で観戦させるために、私も神取を連れて一緒にアメリカまで行って。現地で大会を観させて、グレイシーの道場で稽古もさせました。

おかげで大きな会場にお客さんもたくさん入ったんですけど、とにかく格闘技ってお金がかかるんですよ。海外から招聘すると、選手だけじゃなくてトレーナーやセコンドも一緒に来るじゃないですか? アリの娘を呼んだときは、彼女専用のスポンサーをつけなくちゃ無理だった。なので、頻繁に大会を開くことができなかったのは残念ですね。

それに当時はまだ格闘技がそこまで浸透していなくて『マウントポジション』という言葉すら、あまりわかってもらえなかった。そのあたりが難しかったですけど、いま、テレビをつければ、当たり前のようにＲＩＺＩＮで女子の試合がゴールデンタイムで流れているじゃないですか？　あ〜っ、もうちょっとがんばって続けていればよかったなって（苦笑）。私、いつもやることが『10年早い』って言われるんですけど、『Ｌ－１』に関しては、20年以上早すぎましたねぇ〜」（風間ルミ）

それぞれの団体が、それぞれのやり方で「独自性」を出していった１９９５年。その中でも「勝ち組」といっていいのは、ＪＷＰだった。

2年連続で国技館を満員にしたＪＷＰの「誤算」

１９９５年6月に両国国技館に初進出したＪＷＰは、翌年10月にもふたたび国技館へ。しかも、この大会はＷＯＷＯＷの開局5周年記念番組として、完全生中継された。当時としては、まずありえない快挙だった。

その大会で僕はＷＯＷＯＷからの依頼で、副音声の解説を担当した。主音声では王道の実況をするので、副音声ではとことんマニアックにやってくれ、と。そのためにアーティストの大槻ケンヂと、『DA.YO.NE』で大ブレイクした市井由理までブッキングされている、という豪華さ。がっつり金がかかった特番だった。

リングサイドで見ていて、なんとなく思ったのは「昨年よりも確実に観客の熱量が下がっているな」ということ。全女がほとんど参戦しなかった前年に比べて、今回のほうが対戦カードもバラエティーに富んでいて面白いはず。それでも観客動員はダウンし、それが場内の熱気の低下につながっていた。

「本当はあそこで決断すべきだったんだと思います。たとえば『来年からはもうビッグマッチをやりません。後楽園ホールも年に1回しかやりません。板橋グリーンホールがメイン会場になります』ぐらいの発表をすべきだった。

もともと少人数でスタートして、お客さんの同情を誘いながら支持を集めていった団体なのに、ありがたいことに国技館でできるまで大きくなった。でも、2回目の国技館も満員にならなかったとはいえ、明らかに動員も下がっていることが分かった時点で、それぐらい極端に舵を切って、会社をコンパクト化すべきだったんですよ。そうすれば、ひょっとしたらJWPはいまでも続いていたかもしれない。それができなかったのは僕の経営者としての甘さですよね」（ヤマモ）

ヤマモがお手本にしてきたUWFも少人数でスタートしながら、熱狂的なファンを集め、あっというまに東京ドームまで到達したが、その1年後にはあっけなく解散している。それを目の当たりにしているから、引き際もわかっているはずだったのに、やはり1万人を動員できる段階でいきなり会社をコンパクト化する、というのは、さすがに難しすぎる決断だった。

翌年８月にはリング禍で人気レスラーのプラム麻里子が亡くなるという悲劇が起き、その後も尾崎魔弓ら主力選手が脱退（その後もフリーとして参戦）するなど、団体経営にとってのダメージが続いた。

「たしかに影響はありましたけど、それで経営が決定的に傾くことはありませんでした。でも、１９９８年にキューティー鈴木が引退すると、世間の注目度が一気に下がっていくのがわかりました。驚きましたよ。ピタッと地方大会にお客さんが来なくなったんですよ。それで収益が大幅にダウンしていきました。キューティーの高い知名度がいかに興行会社にとって貴重だったのかを、自分は本当の意味で認識できていなかったんです。

これはハッキリと言い切れますけど、ＪＷＰが衰退していった最大の理由は『対抗戦ブームが終わったから』ではありません。必ず訪れるキューティー鈴木の引退に向けて、僕がそれを上回る話題の提供や、先手を打てなかったから。それに尽きます。当時、リング上での闘いのメインは関西であり、この時期になると福岡晶もトップに踊り出てきていたので、キューティーが抜けても、そこまで影響はないだろうと思っていたんですよ。

でも、それはあくまでもプロレスが好きなファンやマニアのあいだでのみ通る話なんですよね。昔から大手団体のフロントに『興行というのは1人でいいから〝プロレスファンでなくても、名前だけは誰でも知っている〟という選手がいないと成立しない』と忠告されてはきたんです。プロレスとは大衆娯楽の最たるものだ、と言いますけど、その肝心の『一般大衆』の存在を自分は忘れていた、と。そこに気づいたときには、もう遅かったですね」（ヤマモ）

対抗戦ブームの「勝ち組」だったJWPの急失速。

1997年末には、ついに禁断のLLPWとの対抗戦も実現するが、さすがに遅すぎた感は否めない。マニアは狂喜したが、新たなムーブメントになるには至らなかった。そして、ついに全女が……。

全女、事実上の「倒産」

1996年に入ると、全女のビッグマッチ路線にも陰りがくっきりと見える。

3月には横浜アリーナで長谷川咲恵の引退試合が開催されたが、スタンド席には空席が目立ち、そろそろ1万人クラスの会場での興行に限界が見え始めていた。

そのタイミングで8月に日本武道館2連戦の開催が発表される。

どう考えても無謀だが、日本武道館は予約する時期が他の会場よりもかなり早い。おそらく予約する段階では、まだまだ対抗戦ブームが続いていると踏んで、初の2DAYS開催に踏み切ったのだろうが、1万人動員が難しくなっている状況で、2日間連続興行はどう考えてもムチャだった。

「それで松永会長がまたターザン山本に相談しにいくわけですよ（苦笑）。そうしたら、ベースボール・マガジンも『夢の懸け橋』でよっぽど儲かったんだろうね。この武道館2連戦を実質的に、買ってくれたわけですよ。だから、お客さんが入らなくても困るのは、全女じゃなくてベースボール・マガジンの事業部だったんだよね。しかも、話をつけてくれた山本編集長は興行のときには、もう退陣していないっていうね」（ロッシー小川）

興行の目玉は各団体のエースと若手がタッグを組んでの『ディスカバーニューヒロイン・タッグトーナメント』。これは5月に大田区体育館で開催され大成功をおさめた『ジュニアオールスター戦』の流れを受けての企画だったが、武道館のメインとしては弱かった。

そこで格闘技ルールの『U☆TOPトーナメント』も併催されたのだが、すでに『L-1』が開催されているのでインパクトは薄かった。

「格闘技のトーナメントには外国人選手を4人、招聘したんですよ。それぐらい呼ばないとトーナメントとして成立しないからね。でも、これが全女の主催だったら、絶対にやらなかったですよ。彼女たちのギャラと滞在費で完全に赤字になっちゃうから。ところがベースボール・マガジン社はどんどんお金を出してくれる。おそらく2日間、満員になることを想定して、そこから逆算して経費を出していたんだろうけど、もう客席が埋まらなかった時点でおしまいですよ。こっちは関係ないから、どんどんいい選手を呼んじゃったけどね」（ロッシー小川）

週プロでも誌面で全面的にバックアップしたが、まさに新日本プロレスから取材拒否を食らって、部数が激減していた時期だったので、かつてのような影響力はもうなくなっていた。ならばと3カ月連続で女子プロレスの増刊号を出し、武道館の煽り企画を大量に掲載する、という荒業に出たが（事実上、月刊の女子プロレス専門誌を立ち上げたようなものである）、これまでの増刊号と比べても、気が抜けてしまうほど読者からの反応は鈍かった。僕もロッシー小川同様「じゃあ、好き勝手にやらせてもらおう」と雑誌を作ることを逆に楽しむことにした。もう、どんな企画を組もうとチケットが伸びる気配がないんだったら、クソ真面目に作るのがバカバカしくなる。

そして、大会当日。

本当にガラガラだった。

よく閑古鳥が鳴く会場の代名詞に使われる「ロッテオリオンズ時代の川崎球場」に近い光

景。アリーナ席もチケットが売れなかったので、やたらと通路が広くとられ、後方には広い空間ができていた。冗談抜きでゴロンと横になれてしまうほどのスカスカっぷりだった。

事実上、これがブームの「本当の終焉」だったのではないか？　いや、バブルはとっくに弾けていたが、その余韻すらも完全に消失した。

ロッシー小川の証言にもあったように、このころの全女はビッグマッチの売り上げでギリギリの資金繰りをしており、不入りになったら、即、不渡りが出る、という状況だった。このときはベースボール・マガジン社が大損しただけで済んだが、もはや崩壊へのカウントダウンははじまっており、選手へのギャラ不払いや遅延も常態化するようになる。

翌年夏の武道館では、アジャ・コングをはじめとして、主力選手が続々と離脱を発表する、という異様な光景が展開され、その2カ月後、ついに全女は事実上の「倒産」を迎えることとなった——。

そして史上最長の「冬の時代」へ…

この本の主題はあくまでも『対抗戦ブーム』と『憧夢超女大戦』である。

なので、アフタードームの余韻が完全に消えてしまった全女の「倒産」までで筆を置きたいと思う。

あくまでも事実上の倒産であって、全女はその後も興行を続けていくことになるが、フジテレビはこの時点で放送を打ち切っていた。

なので、倒産後初の後楽園大会はまったく映像が残らない事態になってしまう。

さすがにそれはもったいないので、僕は「週プロビデオ増刊として収録しませんか？」と提案した。これまで「週プロビデオ増刊」の女子プロレス編は好調な売り上げをキープし、選手の個人モノでは海外ロケが当たり前になっていた。

それだけ予算が潤沢であれば、後楽園ホールにカメラクルーを出すだけで済む試合収録は容易だし、売れ行きも当然のことながら、資料的価値も大きい。なんとしてもリリースしたかったのだが、ビデオ担当者からの返答は「売れないからダメ」だった。あぁ、本格的に終わったな、と絶望した。

その後、ロッシー小川が旗揚げしたアルシオンのビデオ増刊はリリースしたものの（メキシコとハワイにロケに行っている！）、99年春に予定していた福岡晶の引退記念ビデオは、僕が控室周りでデジカメを回したりして、制作準備を進めていたものの「やっぱり出すのは難しい」となって幻に終わった。もはや女子プロレス関連商品は売れない、というのが週プロサイドのジャッジメントだった。

全女が不渡りを出したあと、僕は債権者会議に呼ばれた。

パンフレットの原稿料が1年以上、未払いになっていて、それが数十万円になっていた。別にもうどうなるものでもないからいいですよ、と言ったが、たしかロッシー小川に「話のタネになるから、行っておいたほうがいいよ」と言われ、足を運んだ記憶がある。

億単位の負債を抱えている債権者たちから「どうするんだ！」と責められた松永会長はまっすぐな目で「大丈夫です。必ずビューティ・ペアやクラッシュギャルズのようなスターが生まれるので、会社は再建できます！」と言った。さきほど風間ルミが「このまま対抗戦を続けていたらお客さんが減る」と指摘したときと、まるっきり同じ回答。松永会長は本気でそう思っていたのだろう。

最終的には「これまでも何度も神風が吹いた。今回も吹くはずです」と発言し、債権者たちから「本当に吹くのか？」と野次られると、松永会長は「確実に吹きます！」と断言した。これで債権者はバカ負けして会議はお開きとなったが、クラッシュに続くスターも生まれなければ、神風も吹かず、女子プロレス界はこれまで経験したことのない長い長い「冬の時代」に突入することとなる。

あのプレオールスター戦からわずかに5年後の話。

平成最後の女子プロレスブームは、本当に一瞬の出来事だったのだ——。

おわりに　〜2019年11月20日に思うこと

あの『憧夢超女大戦』から、ちょうど四半世紀が経過した。

この本に書かれていることがすべてではないが、リングサイドから見続けてきた僕と、実際に経営に関わってきたフロント陣の証言で、ひとつの「真実」は浮かびあがってきたのではないか、と思う。

全女倒産後、LLPWはふたたび対抗戦を再開する。神取忍も赤いベルトを巻いたが、それも長くは続かなかった。

「約束を交わしたんですよ。ウチと対抗戦をやっているあいだは、全女さんも他の団体と対抗戦はやらないって。昔のように欲張ってもうまくいくはずがないので、今は全女vsLLPWだけ、と絞りこんでいかないとお客さんが分散してしまう。それでスタートしたんですけど、やっぱり全女さんは欲張っちゃうんですよ。気が付いたら、こっちになんの連絡もなくネオ・レディース（井上京子が全女退団後に立ち上げた団体）と対抗戦をはじめていたので、もうこれ以上は続けられません、と。

そのとき、ウチの事務所に来て、何度も何度も謝ってくれたのがリングアナの今井さんだったんですよ。今井さんは本当に誠実な方で『わかりました。今回は今井さんの顔を立てましょう』と関係を修復したこともありました。きっと団体内の嫌われ役をすべて背負っていたんでしょうね。バックステージで今井さんの陰口をたたいている全女の選手がいたので『何考えてるの？　今井さんがいなかったら、この大会はできなかったんだからね！』って怒鳴っちゃいました」（風間ルミ）

各方面に頭を下げまくっていたイメージが強い今井さんも、ＦＭＷの荒井昌一リングアナも、すでにこの世にはいない。いや、もし、証言を聞きに行ったとしても、すべてを自分たちの責任にして話をボカしていたかもしれない。本当にそういう人たちだったし、キレ者ばかりでは対抗戦ブームは成り立たなかった、ということをここに記しておきたい。

シャーク土屋のインタビューでは１９９０年代末にいたるまで、いろいろと話してくれたのだが、この本の軸とはちょっとズレてしまうので、本の中では１９９２年をもって退場していただくことにした（特に工藤めぐみ戦への想いは熱すぎるものがあったが、その闘いは対抗戦ではないので……）。

対抗戦の扉を開いた彼女は、その全盛期にはタッチすることなく、バブル崩壊後に『平成裁恐猛毒GUREN隊』の一員として、ありとあらゆる団体で自由奔放に暴れまくることとなる。また違う機会があれば、彼女のプロレス哲学を掘り下げていきたいと思う。彼女の対抗戦開戦時のエピソードがなかったら、この本ははじまってもいなかった。

土屋は2015年に1型糖尿病と診断され、下肢血流障害のため右足のひざから下を離断。現在は義足での生活を送っているが、本人はいたって元気である。現役を離れたこともあり、人としてはかなり丸くなった印象だったが（文字だとかなり荒々しく伝わってしまうかもしれないが、語り口はマイルドになっていた）、リハビリとトレーニングの成果か腕の太さは現役時代と変わらない。プロレスの話を熱く、激しく語る姿を見ていると、まだまだ闘いたかっただろうな、という想いは痛いほど伝わってきた。女子プロレスファンの中には、彼女の存在を軽視する方も多いかもしれないが、時代の鍵を握った最重要人物のひとりである。改めて彼女のブレないプロレス観に触れていただきたい。

インタビューの最後には、全員に「ドームはやってよかったのか？」という質問をした。あの大会がブームを終わらせる一因になったのではないか、という意味を込めての質問だったのだが全員が「やってよかった」と答えている。現状、女子プロレス界にとって「最初で最後」の東京ドーム大会となっているが、もし、やっていなかったら、あのブームは「所詮、武道館どまりの人気だった」ということにされ、いまだに語り継がれることもなかったと思う。対抗戦時代のレガシーとして、本当にやっておいた意味はあった。赤字になっていないのだから、なおさらである。

「あのブームは本当に貴重な体験でした。それにいい時期には普通に働いていたら手にできなかったであろう報酬もいただいていたわけで、JWPを辞めても、これまで生活に困らなかったのは、あの時代の蓄えがあったからですよ。

また自分が女子プロレスに関わろう、という気持ちはまったくないですね。やっぱり自分の中にある『理想のプロレス』というのは譲れないし、これを実現させるにはお金も時間もすごくかかる。それを考えたら、現実的ではないし、そういう意味では時代に合わせて、まったく違うスタイルの団体を経営している（ロッシー）小川さんはすごいですよ！　あれは僕にはできないです」（ヤマモ）

風間ルミのように「出たかったけれど、出られなかった」というレスラーもたくさんいるが、とにかく1994年11月20日の時点で女子プロレスラーだった人間しか、東京ドームでの興行への参加資格はなかったわけで、あの対戦カードに名前を刻むことができた選手たちは、本当にラッキーだった。もちろんドームで興行を打てるほどのブームの礎を作った選手たちなのだから、そうやって報われることは当たり前なのかもしれないけれど、ここ20年ぐらいでデビューした選手たちは、あれだけの大舞台も、ブームの熱狂も味わえていないことを考えると、プロレスラーになるタイミングというのは、非常に大事なことであることがわかる。

「私は今、電流爆破マッチのEP（エクスプロージョンプリンセス）を務めているので、女子プロレスの会場に行くこともあるんですけど、はっきり言って、もう私たちがやっていた時代よりも全然、レベルの高いプロレスをやっているんですよね、今の選手たちは。それだからこそ、リングから客席を見渡しちゃうと『あぁ……なんでこんなにすごい試合をやっているのに、これしか客席が埋まらないんだろう』って、複雑な気持ちになります。そこは本当に評価されてほしいですよね」（工藤めぐみ）

「昔はそんなに娯楽がなかったけど、いまはいくらでもあるじゃないですか？　その中から女子プロレスというコンテンツを選んでもらうのは難しいですよね。そこはもう25年前と同じことを言いますけど、やっぱり地上波で定期的に放送してもらうしかないんでしょうね。ただ、あのころと比べるとコンプライアンスとかが厳しくなっちゃっているから、なかなか難しいものがあるんでしょうけど……えっ、私がもう一度、団体を立ち上げて、この状況を打破する？　いや、ないです、ないです。もうプロレス団体の『女社長』は絶対に無理ですよ、アハハハ。

でもね、自分が若い子を育てて、プロデュースして、その選手をいろんな団体に派遣する、とかいうことであれば、ちょっとやってみたい気持ちはありますよ。それでも、いろいろと難しそうですけどね……」（風間ルミ）

工藤めぐみは「絶対に復帰しない」と公言し、実際に引退から20年以上、まったく試合をやっていない。ただ、これは非常に稀なケースで、この本に登場する女子プロレスラーのほとんどが、四半世紀を経過した今でも、現役レスラーとしてリングに上がり続けている（それゆえ、まだ言えないことも多く、いろいろなしがらみも多いであろう現役選手の証言は今回、取材しないことにした）。

皮肉なことに世代交代の旗手として、オールスター戦の「次の時代」を担うことを期待された平成元年組の選手たちは早い段階で続々と引退し、いまではほとんど残っていない。このあたりも対抗戦ブームの功罪のひとつ、である。

ある団体のフロント氏と話していて驚いたのだが、今の時代、ほとんどの女子レスラー志望者が新日本プロレスやドラゴンゲートなどの男子の試合を見て、プロレスにハマり、そこから自分もリングに上がりたい、と思うようになるのだ、という。

たしかに会場に足を運ぶか、ＣＳの専門チャンネルにでも加入しない限り、女子プロレスの試合をがっつり観る機会はないし、女子プロレスラーになろう、と思うきっかけもなかなかできない。そんな時代が長く続いてしまっているのは不幸なことであると同時に、これぱっかりはどうにもならない。数年前、フジテレビの深夜枠で女子プロレスの番組を流そうというプランが浮上し、僕もちょっとだけお手伝いさせていただいたが、残念ながら、1回だけの単発放送で終わってしまった。

だから、地上波で女子プロレスを定期的に放送するなんて、もはや無理な話なのである……と、この本の取材を続けている段階では思っていた。

ちなみにこの本の取材は2019年の8月から9月にかけて行われたもの。さまざまな報道を見ると、まさにスターダムがブシロードの傘下に入るかどうかを決めるタイミングで、ロッシー小川に話を聞いていたことになる。

そのとき「今後、女子プロレスが東京ドームで大会を開催する可能性はありますか?」という問いにロッシー小川はこう答えている。

「うーん……俺個人としてはだけど、東京ドームはもういいかなぁ〜。あのときもさ、前日にドームを覗きに行ったんだけど、バックヤードに何百個も弁当が並んでいるわけ。そうか、これだけの人数のスタッフが関わっているのか、と思ったら気が遠くなったし、あまりにも広すぎて、全体を把握できないんだよね。そう考えると、あんまりやりたいとは思わない。でも、ビッグマッチはやりたいんですよ。両国国技館とか日本武道館とかでね。いまの選手たちはそういう会場を経験していないし、やっぱり味わわせてあげたいじゃない？　俺もやっている以上は欲があるしね。それは実現させたいね」（ロッシー小川）

この数か月後、スターダムは正式にブシロードに事業を譲渡。ロッシー小川はエグゼクティブプロデューサーとして、今後も現場を仕切ることとなったが、ブシロード側は2020年から東京MXテレビとBS日テレで試合中継をスタートさせることを公表。無理だと思いこんでいた地上波での中継が、すぐにはじまることになった。

さらに2020年4月29日には大田区総合体育館でのビッグマッチも発表。対抗戦時代の扉が開いた「あの会場」に女子プロレスが戻ってくる、となると、嫌でもその後の展開に期待してしまう。

ひょっとしたら四半世紀ぶりに、女子プロレスブームがやってくるかもしれない。

この本の取材をしているうちに、あまりにも状況が激変してしまって、いささか泡食っているが、こんなタイミングで対抗戦ブームを検証する本を出せたのも、なにかの巡り合わせなのだろう、きっと。

歴史は、巡る。

令和初の女子プロレスブーム到来に夢を馳せながら、平成最後の女子プロレスブームをこの本で今一度、思い返していただければ幸いである。

令和元年11月20日

小島　和宏

【巻末資料】「憧夢超女大戦」までに開催された女子プロレスのビッグマッチ（92年11月26日～94年11月20日）

※観衆者数は主催者発表

★全日本女子プロレス

「DREAM RUSH 川崎夢闘争」〈1992年11月26日（木）、川崎市体育館、18時開始、観衆5500人〉

▼20分1本勝負

①三田英津子、下田美馬（11分10秒、変形スープレックス）神谷美織、長谷川智香子

▼全日本選手権試合＝30分1本勝負

②伊藤薫〈挑戦者〉（16分24秒、片エビ固め）渡辺智子〈王者〉

▼タッグリーグ・ザ・ベスト'92公式リーグ戦＝30分1本勝負

③みなみ鈴香、堀田祐美子○（16分10秒、体固め）井上貴子●、テリー・パワー

▼オールパシフィック選手権試合＝60分1本勝負

④北斗晶〈挑戦者〉（22分17秒、体固め）井上京子〈王者〉

▼WWWA世界格闘技選手権＝3分5ラウンド

⑤バット吉永（2R1分50秒、KO勝ち）神風杏子

▼団体対抗戦＝30分1本勝負

⑥長谷川咲恵○、デビー・マレンコ〈全女〉（18分57秒、片エビ固め）土屋恵理子、前泊よしか●〈FMW〉

▼WWWA世界シングル選手権試合＝60分1本勝負

⑦アジャ・コング〈挑戦者〉（20分19秒、片エビ固め）ブル中野〈王者〉

▼WWWA世界タッグ選手権試合＝60分3本勝負

⑧山田敏代、豊田真奈美〈王者組＝全女〉（2－1）ダイナマイト関西&尾崎魔弓〈挑戦者組＝JWP〉

★全日本女子プロレス

「ALL STAR DREAMSLAM」〈1993年4月2日（金）、横浜アリーナ、18時開始、観衆1万6500人〉

▼ハイスパート・フレッシュバトル＝20分1本勝負

①プラム麻里子○、福岡晶〈JWP〉（16分31秒、片エビ固め）長谷川咲恵●、伊藤薫〈全女〉

▼タフ&ラフ・デッドリーランブル＝20分1本勝負

②土屋恵理子○、前泊よしか〈FMW〉（7分42秒、エビ固め）テリー・パワー、沼田三絵美●〈全女〉

▼エストレージャ・エン・ボラドーラ＝30分1本勝負

③KAORU○〈フリー〉、ウルティモ・ティグリータ（14分41秒、横入り式回転エビ固め）下田美馬、渡辺智子●〈全女〉

▼ビーナス・デュオ～美闘物語～30分1本勝負

④風間ルミ○、半田美希〈LLPW〉（22分27秒、ジャーマン・スープレックス・ホールド）みなみ鈴香、三田英津子●〈全女〉

▼WWWA世界格闘技選手権＝3分5ラウンド

⑤バット吉永〈全女〉（判定勝ち）スーザン・ハワード

▼メモリアル・スーパーファイト＝時間無制限1本勝負

⑥デビル雅美〈JWP〉（17分28秒、体固め）長与千種〈フリー〉

▼ヒートアップ・ザ・シャイニングスターズ＝30分1本勝負

⑦井上京子、井上貴子○〈全女〉（16分45秒、片エビ固め）尾崎魔弓●、キューティー鈴木〈JWP〉

▼メガモンスター"巨大空間"ウォー＝30分1本勝負

⑧アジャ・コング、○ブル中野〈全女〉（14分8秒、体固め）ハーレー斉藤●、イーグル沢井〈LLPW〉

▼フルパワー運命闘争'93＝60分1本勝負

⑨ダイナマイト関西〈JWP〉（16分42秒、エビ固め）堀田祐美子〈全女〉

▼デンジャラス・クイーン決定戦／横浜極限＝時間無制限1本勝負
⑩北斗晶〈全女〉（30分37秒、体固め）神取忍〈LLPW〉

▼ザ・全女イズ夢・ウィニングロード＝60分1本勝負
⑪山田敏代、豊田真奈美○〈全女〉（28分14秒、日本海式竜巻固め）コンバット豊田、工藤めぐみ●〈FMW〉

★全日本女子プロレス
「夢のオールスター戦！ 大阪超時代宣言」〈1993年4月11日（日）、大阪府立体育会館、14時45分開始、観衆7300人〉

▼ニュージェネレーション・ピュアスピリット＝20分1本勝負
①長谷川咲恵（18分5秒、体固め）福岡晶

▼ヤングウォーリアーズ・シャウト＝20分1本勝負
②穂積詩子、レオ北村、二上美紀子○〈LLPW〉（15分53秒、体固め）伊藤薫、渡辺智子、沼田三絵美●〈全女〉

▼ヒットウーマン難波打撃戦＝30分1本勝負
③バット吉永○、テリー・パワー〈全女〉（14分6秒、体固め）風間ルミ、半田美希●〈LLPW〉

▼サバイバル・ウォーゲーム＝30分1本勝負
④コンバット豊田○、工藤めぐみ〈FMW〉（17分53秒、エビ固め）三田英津子、下田美馬●〈全女〉

▼ワンダーパフォーマー・ゴーランド＝30分1本勝負
⑤堀田祐美子、井上京子○、井上貴子〈全女〉（21分28秒、体固め）キューティー鈴木、プラム麻里子、ボリショイ・キッド●〈JWP〉

▼エキスパート・オブ・レスリング＝45分1本勝負
⑥みなみ鈴香〈全女〉（13分31秒、片エビ固め）ハーレー斉藤〈LLPW〉

▼メモリアル・スーパーファイトⅡ＝60分1本勝負
⑦ブル中野〈全女〉（15分8秒、体固め）長与千種〈フリー〉

▼浪花番外地～死闘絵巻～＝60分1本勝負
⑧神取忍○、イーグル沢井〈LLPW〉（20分43秒、レフェリーストップ）アジャ・コング、北斗晶●〈全女〉

▼WWWA世界タッグ選手権試合～ザ・超時代エナジー・フォーエバー～＝60分3本勝負
⑨ダイナマイト関西＆尾崎魔弓〈挑戦者組＝JWP〉（2－1）山田敏代、豊田真奈美〈王者組＝全女〉

★JWP
「THUNDER QUEEN BATTLE in 横浜」〈1993年7月31日（土）、横浜文化体育館、18時30分開始、観衆5500人〉

▼全日本ジュニア選手権～ザ・クイーンズ・ロード・ヨコハマ・ファースト～＝20分1本勝負
①ぬまっち〈王者＝全女〉（時間切れ引き分け）外山寿美代〈挑戦者＝JWP〉

▼ザ・ステージ・オブ・トリッキークイーンズ＝30分1本勝負
②インフェルナルKAORU〈フリー〉（13分18秒、体固め）コマンド・ボリショイ〈JWP〉

▼レッスル・クイーンズ・フュージョン＝30分1本勝負
③みなみ鈴香、伊藤薫○〈全女〉（14分28秒、エビ固め）デビル雅美、キャンディー奥津●〈JWP〉

▼サブミッションクイーン・ヴァーサス・ハードキッククイーン＝45分1本勝負
④堀田祐美子〈全女〉（14分28秒、エビ固め）プラム麻里子〈JWP〉

▼ザ・ニューディメンション8クイーンズ＝60分フルタイム
⑤ダイナマイト関西、尾崎魔弓、キューティー鈴木、福岡晶〈JWP〉（3－2）アジャ・コング、井上京子、井上貴子、長谷川咲恵〈全女〉

★全日本女子プロレス

「武道館女王列伝」〈1993年8月25日（水）、日本武道館、17時開始、観衆1万5400人〉

▼特攻隊最前線・全女vs LLPW＝20分1本勝負
①穂積詩子、紅夜叉○、遠藤美月〈LLPW〉（15分42秒、体固め）渡辺智子、ぬまっち●、白鳥智香子〈全女〉

▼スカイハイ・ファンタジーランド＝20分1本勝負
②ボリショイ・キッド、キャンディー奥津○〈JWP〉（13分2秒、原爆固め）インフェルナルKAORU〈フリー〉、チャパリータASARI●〈全女〉

▼肉弾野生地帯スリリング・ウォー＝時間無制限5対5イリミネーションマッチ
③ブル中野、みなみ鈴香、三田英津子、下田美馬、バット吉永〈全女〉（5－3）イーグル沢井、ハーレー斉藤、半田美希、大沢ゆかり、レオ北村〈LLPW〉

▼オーバー・ザ・アイドル〜夏ヒロイン物語〜＝30分1本勝負
④井上貴子〈全女〉（18分17秒、体固め）キューティー鈴木〈JWP〉

▼激選士デッドヒート・クラッシュ＝30分1本勝負
⑤山田敏代、伊藤薫○〈全女〉（14分23秒、片エビ固め）工藤めぐみ、鍋野ゆき江●〈FMW〉

▼〝必殺女仕事人〟異次元格闘対決＝60分1本勝負
⑥神取忍〈LLPW〉（17分44秒、腹固め）井上京子〈全女〉

▼ハイテンション・トリプルインパクト＝45分1本勝負
⑦尾崎魔弓、プラム麻里子、福岡晶○〈JWP〉（25分9秒、クロスアーム・スープレックス・ホールド）堀田祐美子、豊田真奈美、長谷川咲恵●〈全女〉

▼オールパシフィック選手権試合〜武道館ワンデイブルース・仁義なき掟〜＝60分1本勝負
⑧北斗晶〈王者＝全女〉（15分51秒、体固め）風間ルミ〈挑戦者＝LLPW〉

▼WWWA世界シングル選手権試合〜ザ・女王列伝ストロンゲスト〜＝60分1本勝負
⑨アジャ・コング〈王者＝全女〉（22分54秒、片エビ固め）ダイナマイト関西〈挑戦者＝JWP〉

★全日本女子プロレス
「名古屋超旋風　全女vs LLPW全面対抗戦」〈1993年9月29日（水）、愛知県体育館、18時開始、観衆4800人〉

▼プリティキッズ・ビギン・ザ・ビギン＝20分1本勝負
①キャロル美鳥○、長嶋美智子〈LLPW〉（11分20秒、片エビ固め）白鳥智香子、チャパリータASARI●〈全女〉

▼全日本ジュニア選手権試合＝20分1本勝負
②遠藤美月〈挑戦者＝LLPW〉（10分29秒、エビ固め）ぬまっち〈王者＝全女〉

▼タッグマッチ＝30分1本勝負
③三田英津子○、下田美馬（12分52秒、エビ固め）インフェルナルKAORU、渡辺智子●

▼全日本タッグ選手権試合＝30分1本勝負
④長谷川咲恵○、伊藤薫〈王者組＝全女〉（16分30秒、片エビ固め）レオ北村、二上美紀子●〈挑戦者組＝LLPW〉

▼無闘妖艶アメージング・ハート＝30分1本勝負
⑤みなみ鈴香〈全女〉（8分57秒、サザン・スープレックス・ホールドⅡ）穂積詩子〈LLPW〉

▼暴走野良猫ロック〜ザ・タイマン〜＝30分1本勝負
⑥井上貴子〈全女〉（11分50秒、バックドロップ・ホールド）紅夜叉〈LLPW〉

▼全女ネバーエンディング・ヒストリー＝30分1本勝負
⑦ブル中野〈全女〉（15分35秒、片エビ固め）立野記代〈LLPW〉

▼グランパス4・ノンストップファイヤー＝45分1本勝負
⑧山田敏代、豊田真奈美○〈全女〉

（16分46秒、日本海式竜巻固め）ハーレー斉藤●、半田美希〈LLPW〉

▼ザ・超旋風メガトンアースクエイク＝60分1本勝負

⑨アジャ・コング、井上京子○〈全女〉（11分10秒、体固め）イーグル沢井、沙羅ゆかり●〈LLPW〉

▼女格闘鬼襲撃～尾張大乱～＝時間無制限1本勝負

⑩神取忍〈LLPW〉（20分41秒、ヒールホールド）堀田祐美子〈全女〉

★全日本女子プロレス

「レッスル・マリンピアード'93」

〈1993年10月9日（土）、東京ベイNKホール、17時開始、観衆6800人〉

▼突撃部隊東京ベイ玉砕！＝20分1本勝負

①三田英津子、渡辺智子○、ぬまっち〈全女〉（18分57秒、宇宙飛行士固め）二上美紀子、キャロル美鳥、遠藤美月●〈LLPW〉

▼艶姿ローラー・コースター4×4＝30分キャプテンフォールマッチ

②キューティー鈴木Ⓒ、プラム麻里子○、福岡晶、コマンド・ボリショイ〈JWP〉（27分49秒、片エビ固め）下田美馬Ⓒ●、伊藤薫、白鳥智香子、チャパリータASARI〈全女〉

▼猛毒女さそり湾岸血闘＝30分1本勝負

③神取忍○、紅夜叉〈LLPW〉（11分9秒、裸絞め）井上貴子、長谷川咲恵●〈全女〉

▼スター＆ライジングサン4VIPS＝30分1本勝負

④ブル中野、レジー・ベネット○（10分56秒、レジーラック）堀田祐美子、みなみ鈴香●

▼リングコンダクター～夢幻万華鏡～＝60分1本勝負

⑤井上京子〈全女〉（19分50秒、後方回転エビ固め）デビル雅美〈JWP〉

▼美激天女レインボー・センセーション＝60分1本勝負

⑥豊田真奈美〈全女〉（20分15秒、日本海式竜巻固め）尾崎魔弓〈JWP〉

▼一闘入魂パーフェクト・バーニング＝60分1本勝負

⑦ダイナマイト関西〈JWP〉（19分41秒、スプラッシュマウンテン）山田敏代〈全女〉

▼ザ・マリンピアードBIGGEST＝60分1本勝負

⑧アジャ・コング（19分30秒、体固め）北斗晶

★LLPW

「女極限～火花散る生きざま～」

〈1993年11月9日（火）、駒沢オリンピック公園体育館、18時開始、観衆4500人〉

▼全力闘争～ニューウェーブ・ファーストステージ＝20分1本勝負

①レオ北村、長嶋美智子○〈LLPW〉（9分28秒、エビ固め）長谷川咲恵、チャパリータASARI●〈全女〉

▼超華激炎舞～スカイフラワーロック～＝45分1本勝負

②豊田真奈美〈全女〉（2分50秒、揺り椅子固め）キャロル美鳥〈LLPW〉

▼不思議体験～テクニカルフラッシュ～＝45分1本勝負

③井上京子〈全女〉（4分1秒、片エビ固め）二上美紀子〈LLPW〉

▼格闘蹴撃手見参～ドリームキックオフ～＝45分1本勝負

④山田敏代〈全女〉（1分38秒、体固め）沙羅ゆかり〈LLPW〉

▼「対獣量級・試練の4番勝負」第1戦＝30分1本勝負

⑤アジャ・コング〈全女〉（6分38秒、体固め）半田美希〈LLPW〉

▼喧嘩上等～イリミネーションバトルフィールド＝時間無制限

⑥イーグル沢井、ハーレー斉藤、立野記代、紅夜叉、遠藤美月〈LLPW〉（5・3）堀田祐美子、みなみ鈴香、三田英津子、下田美馬、ぬまっち〈全女〉

▼超異次元女帝対決～駒沢上陸

~=60分1本勝負
⑦神取忍○、穂積詩子〈LLPW〉（14分39秒、ワキ固め）ブル中野、井上貴子●〈全女〉

▼女魂~ケジメつけます~=敗者髪切りデスマッチ=60分1本勝負
⑧北斗晶〈全女〉（13分47秒、レフェリーストップ）風間ルミ〈LLPW〉

★JWP
「THUNDER QUEEN BATTLE in 横浜2」
〈1993年11月18日（木）、横浜文化体育館、18時30分開始、観衆5200人〉

▼ザ・クイーンズ・ロード・ヨコハマ・セカンド=30分1本勝負
①白鳥智香子、チャパリータASARI○〈全女〉（13分15秒、エビ固め）キャンディー奥津、能智房代●〈JWP〉

▼なんで、そうなるの?=30分1本勝負
②下田美馬〈全女〉（13分55秒、タイガー・スープレックス・ホールド）ボリショイ・キッド〈JWP〉

▼ソリッド・ブラック・クイーンズ・エナジー=45分1本勝負
③豊田真奈美〈全女〉（18分26秒、日本海式竜巻固め）福岡晶〈JWP〉

▼ピュアハート・ミーツ・ザ・デンジャラスクイーン=オンリーワンタイム・シングルマッチ=60分1本勝負
④北斗晶〈全女〉（18分26秒、体固め）尾崎魔弓〈JWP〉

▼モースト・スペシャル・パーソンズ・レスリング・ジャム=60分1本勝負
⑤デビル雅美○、プラム麻里子（33分4秒、体固め）長与千種●、キューティー鈴木

▼フルスロットル・ネオ・クイーンズ・パワー=60分1本勝負
⑥ダイナマイト関西〈JWP〉（20分46秒、スプラッシュマウンテン）井上京子〈全女〉

★全日本女子プロレス
「WRESTLING QUEENDOM~大阪美神王国~」
〈1993年11月28日（日）、大阪城国際文化スポーツホール、15時開始、観衆9600人〉

▼スターティングキッズ・レッツトライ=20分1本勝負
①渡辺智子〈全女〉（12分29秒、片エビ固め）キャンディー奥津〈JWP〉

▼ミックスサンデー~コスプレの罠~=20分1本勝負
②ハーレー斉藤〈LLPW〉（2分6秒、体固め）白鳥智香子〈全女〉

▼全日本ジュニア選手権試合=20分1本勝負
③チャパリータASARI〈挑戦者=全女〉（12分58秒、片エビ固め）遠藤美月〈王者=LLPW〉

▼狂虎コテコテ・パラダイス=30分1本勝負
④井上京子〈全女〉（12分27秒、片エビ固め）鍋野ゆき江〈FMW〉

▼全日本タッグ選手権試合=30分1本勝負
⑤長谷川咲恵○、伊藤薫〈王者組=全女〉（16分44秒、片エビ固め）紅夜叉●、二上美紀子〈挑戦者組=LLPW〉

▼「ブル中野・全女イズム伝授七番勝負」第5戦=30分1本勝負
⑥ブル中野〈全女〉（13分48秒、体固め）福岡晶〈JWP〉

▼肉体の門~大阪城キングサイズ・ウォー~=60分1本勝負
⑦アジャ・コング〈全女〉（18分1秒、体固め）イーグル沢井〈LLPW〉

▼猛武闘賊 vs JWP・浪花闘いだおれ=時間無制限1本勝負
⑧ダイナマイト関西Ⓒ、デビル雅美、尾崎魔弓、プラム麻里子〈JWP〉（3・2）北斗晶Ⓒ、みなみ鈴香、三田英津子、下田美馬〈全女〉

▼オールパシフィック王座決定戦~ハートビート・ザ・ライバルバウト'93=60分1本勝負
⑨山田敏代（30分42秒、リバース・ゴリー・スペシャル・ボム）豊

田真奈美

▼UWA世界女子タッグ選手権試合～ザ・美神王国任侠伝～＝時間無制限1本勝負
⑩堀田祐美子○、井上貴子〈王者組＝全女〉（21分49秒、エビ固め）神取忍、半田美希●〈挑戦者組＝LLPW〉

★全日本女子プロレス
「国技館超女伝St．Final」

〈1993年12月6日（月）、両国国技館、18時開始、観衆1万1500人〉

▼斬り込み隊墨田川撃墜＝20分1本勝負
①穂積詩子○、レオ北村〈LLPW〉（9分35秒、バックドロップホールド）渡辺智子、白鳥智香子●〈全女〉

▼ミゼットプロレス国技館見参＝10分1本勝負
②リトル・フランキー（5分19秒、体固め）ブッタマン

▼ニューフェイス・オブ・ジ・イヤー＝全日本ジュニア選手権試合＝20分1本勝負
③キャンディー奥津〈挑戦者＝JWP〉（12分16秒、原爆固め）チャパリータASARI〈王者＝全女〉

▼ヤングエグゼクティブ4アローズ＝全日本タッグ選手権試合＝30分1本勝負
④半田美希○、紅夜叉〈挑戦者組＝LLPW〉（15分23秒、原爆固め）長谷川咲恵●、伊藤薫〈王者組＝全女〉

▼ナチュラル活火山パワー噴射＝30分1本勝負
⑤コンバット豊田〈FMW〉（13分53秒、片エビ固め）みなみ鈴香〈全女〉

▼「全女イズムvsピュアハート」スクランブル・ジャングル＝30分1本勝負
⑥ブル中野、三田英津子、下田美馬○〈全女〉（20分36秒、猛虎原爆固め）キューティー鈴木、プラム麻里子、福岡晶●〈JWP〉

▼格闘ヒロイズム両国冬の陣＝45分1本勝負
⑦堀田祐美子、井上京子○、井上貴子〈全女〉（15分37秒、ナイアガラドライバー）風間ルミ、イーグル沢井、ハーレー斉藤●〈LLPW〉

▼女忠臣蔵～闘夢再会～＝WWWA世界シングル選手権試合＝60分1本勝負
⑧アジャ・コング〈王者＝全女〉（22分34秒、体固め）工藤めぐみ〈挑戦者＝FMW〉

▼国技館フルボルテージ＝WWWA世界タッグ選手権試合＝60分1本勝負
⑨山田敏代、豊田真奈美〈挑戦者組＝全女〉（25分33秒、エビ固め）ダイナマイト関西、尾崎魔弓〈王者組＝JWP〉

▼デンジャラスクイーン東京裁判～死刑執行～＝時間無制限1本勝負
⑩神取忍〈LLPW〉（21分15秒、エビ固め）北斗晶〈全女〉

★全日本女子プロレス
「WRESTLING QUEENDOM～横浜美神王国～」
〈1994年3月27日（日）、横浜アリーナ、15時開始、観衆1万6500人〉

▼スパークリング・ハッスル～青春の扉～＝全日本ジュニア選手権試合＝20分1本勝負
①キャンディー奥津〈王者＝JWP〉（9分3秒、原爆固め）玉田りえ〈挑戦者＝全女〉

▼リトル・ビッグマンの大冒険～ミゼットプロレス～＝10分1本勝負
②グレート・リトルムタ（7分16秒、体固め）アブドーラ・ザ・コブッチャー

▼全日本タッグ選手権試合～熱風隊ベイブリッジ疾走～＝30分1本勝負
③半田美希、紅夜叉○〈王者組＝LLPW〉（19分26秒、変形フロント・スープレックス）伊藤薫、渡辺智子●〈挑戦者組＝全女〉

▼スペースフライングジムナスティック＝30分1本勝負

④福岡晶〈JWP〉(14分33秒、片エビ固め)チャパリータASARI〈全女〉

▼プロフェッサーレスリングバイブル＝30分1本勝負

⑤工藤めぐみ○、ナース中村〈FMW〉(16分32秒、羽根折り式ドラゴンスリーパー)みなみ鈴香、白鳥智香子●〈全女〉

▼IWA世界女子選手権試合〜リングマジシャン飛翔円舞〜＝60分1本勝負

⑥豊田真奈美〈王者＝全女〉(20分31秒、日本海式原爆固め)プラム麻里子〈挑戦者＝JWP〉

▼アマゾネスハウス狂暴波浪警報＝45分1本勝負

⑦レジー・ベネット○〈全女〉、イーグル沢井〈LLPW〉(13分3秒、レジーラック)堀田祐美子、井上貴子●〈全女〉

▼JWP認定タッグ選手権試合〜猛武闘賊vsピュアハート、横浜大空襲〜＝60分1本勝負

⑧三田英津子○、下田美馬〈挑戦者組＝全女〉(20分35秒、体固め)尾崎魔弓、キューティ鈴木●〈JWP〉

▼デモリッションウーマン・ホットライン＝60分1本勝負

⑨ダイナマイト関西〈JWP〉(16分31秒、スプラッシュマウンテン)長谷川咲恵〈全女〉

▼オールパシフィック選手権試合〜メジャーリーガー・ダービーマッチ〜＝60分1本勝負

⑩井上京子〈挑戦者＝全女〉(16分16秒、変形ストレッチ)山田敏代〈王者＝全女〉

▼デンジャラスクイーンF－NALカウントダウン〜4大凶獣最大最後の遭遇〜＝時間無制限1本勝負

⑪北斗晶○〈全女〉、神取忍〈LLPW〉(35分13秒、体固め)アジャ・コング●〈全女〉、ブル中野〈全女〉

★JWP

「SUPER MAJOR QUEENS 有明FLASH!!」

〈1994年5月22日(日)、有明コロシアム、15時開始、観衆1万700人〉

▼30分1本勝負

①前川久美子、玉田りえ○〈全女〉(15分23秒、ジャックナイフ固め)矢樹広弓●、能智房代〈JWP〉

▼10分1本勝負

②コマンド・ボリショイ(時間切れ引き分け)ボリショイ・キッド

▼45分1本勝負

③井上京子〈全女〉(15分31秒、京子式STF)キャンディー奥津〈JWP〉

▼キューティー・スペシャル・ヴァーサス・タカコ・パニック＝60分1本勝負

④キューティー鈴木〈JWP〉(19分9秒、体固め)井上貴子〈全女〉

▼スーパー・スクランブル・ザ・世代闘争＝60分1本勝負

⑤デビル雅美○〈JWP〉、ブル中野〈全女〉(28分54秒、体固め)福岡晶●〈JWP〉、長谷川咲恵〈全女〉

▼オーバー・ザ・ジェネレイション・グラッジマッチ＝60分1本勝負

⑥長与千種〈フリー〉(27分2秒、片エビ固め)尾崎魔弓〈JWP〉

▼WWWA世界シングル選手権試合＝60分1本勝負

⑦アジャ・コング〈王者＝全女〉(22分3秒、片エビ固め)ダイナマイト関西〈挑戦者＝JWP〉

★LLPW

「闘狂女伝説〜時代の扉をこじ開ける瞬間」〈1994年7月14日(木)、東京体育館、18時開始、観衆8300人〉

▼超時空アドベンチャー〜未来への懸け橋＝20分1本勝負

①大向美智子〈LLPW〉(13分35秒、片エビ固め)チャパリータASARI〈全女〉

▼猛烈! 格闘ディベロッパーズ〜ほとばしる激情〜＝30分1本勝負

②二上美紀子、遠藤美月○〈LLPW〉(13分1秒、片エビ固め)渡辺智子、玉田りえ●〈全女〉

▼聖戦繚乱～華麗なる情い＝30分1本勝負
③風間ルミ○、キャロル美鳥、長嶋美智子〈LLPW〉（16分19秒変形ドラゴン・スリーパー）里美和、鍋野ゆき江、ナース中村●〈FMW〉
▼UWA世界女子タッグ選手権試合＝60分1本勝負
④三田英津子○、下田美馬〈王者組＝全女〉（22分21秒、片エビ固め）ジェンヌゆかり●、半田美希〈挑戦者組＝LLPW〉
▼武闘派前線～水と油のエンゲージ～＝45分1本勝負
⑤工藤めぐみ〈FMW〉（17分25秒、エビ固め）紅夜叉〈LLPW〉
▼日本格闘紀行～魅惑のジャングルリング～＝60分1本勝負
⑥ハーレー斉藤○、立野記代〈LLPW〉（13分29秒、後方回転エビ固め）井上京子、井上貴子●〈全女〉
▼闘狂大震災～東体マグニチュード10＝60分1本勝負
⑦コンバット豊田〈FMW〉（21分34秒、体固め）イーグル沢井〈LLPW〉
▼「チェーンデスマッチ」刺激女帝対決～殺るか殺られるか～＝時間無制限1本勝負
⑧ブル中野〈全女〉（21分11秒、片エビ固め）神取忍〈LLPW〉

★全日本女子プロレス
「武道館女王列伝MAX」〈1994年8月24日（水）、日本武道館、17時開始、観衆1万5500人〉
▼ミッドサマー・レスリング・アカデミー＝30分1本勝負
①みなみ鈴香○、渡辺智子、チャパリータASARI、玉田りえ〈全女〉（15分4秒、エビ固め）福岡晶、コマンド・ボリショイ、能智房代、矢樹広弓●〈JWP〉
▼武道館ミゼット列伝M－N＝10分1本勝負
②北斗晶シ！ト（5分42秒、体固め）角掛X
▼全女ファイティング・グローブ＝2分5回戦
③神風杏子（5R判定勝ち）前川久美子
▼恐竜島破壊指数100＝30分1本勝負
④イーグル沢井○、キャロル美鳥〈LLPW〉（13分4秒、エビ固め）ジェシー・ベネット、伊藤薫●〈全女〉
▼ミート・アゲイン1994～自由なる闘い＝30分1本勝負
⑤工藤めぐみ〈FMW〉（13分43秒、猛虎原爆固め）KAORU〈フリー〉
▼UWA世界タッグ選手権試合＝60分1本勝負
⑥三田英津子、下田美馬○〈王者組＝全女〉（12分49秒、体固め）ハーレー斉藤、ジェンヌゆかり●〈LLPW〉
▼ピュアハード・ディープパニック＝45分1本勝負
⑦井上貴子○〈全女〉、キューティー鈴木〈JWP〉（17分15秒、片エビ固め）デビル雅美〈JWP〉、キャンディー奥津●〈JWP〉
▼新旧全女イズム・武道館激情＝30分1本勝負
⑧長与千種○〈フリー〉、山田敏代〈全女〉（16分8秒、レフェリーストップ）吉田万里子〈全女〉、長谷川咲恵●〈全女〉
▼オールパシフィック＆IWAシングル二冠選手権試合＝60分1本勝負
⑨豊田真奈美〈IWA王者〉（23分31秒、飛込前方回転エビ固め）井上京子〈AP王者〉
▼デンジャラスクイーンFINALカウントダウン　4大巨頭プレドーム・サバイバー！＝時間無制限1本勝負
⑩ダイナマイト関西〈JWP〉、堀田祐美子〈全女〉（2・1）北斗晶〈全女〉、アジャ・コング〈全女〉

★全日本女子プロレス
「BIG EGG WRESTLING UNIVERSE　憧夢超女大戦」〈1994年11月20日（日）、東京ドーム、14時開始、観

衆4万2500人〉

▼超女大戦オープニングマッチ＝20分1本勝負
①チャパリータASARI○、ボンバー光（6分53秒、片エビ固め）矢樹広弓、菅生裕美●

▼憧無超ミゼット小戦＝時間無制限1本勝負
②グレート・リトルムタ○、ブタ原人（4分46秒、STF）角掛シルバーX●

▼全日本ジュニア選手権試合＝20分1本勝負
③キャンディー奥津○〈王者＝JWP〉（8分52秒、原爆固め）玉田りえ〈挑戦者＝全女〉●

▼テキストオブレスリング＝30分1本勝負
④みなみ鈴香○〈全女〉（9分33秒、エビ固め）KAORU●〈GAEA JAPAN〉

▼全女ファイティンググローブⅡ＝2分5R
⑤前川久美子○（5R判定、3－0）シュガーみゆき

▼女子アマチュアレスリング・プロリング1stチャレンジ＝4分1ラウンド
⑥ドリス・ブリンド（判定、7－5）浜口京子
⑦山本美憂（判定、4－1）アナ・ゴメス

▼全女vsシュートボクシング格闘対抗戦＝3分5R
⑧石本文子（5R判定、2－1）伊藤薫

▼ビッグハート・パワーコンテスト＝30分1本勝負
⑨長与千種（8分39秒、エビ固め）レジー・ベネット

▼全女vsLLPW憧夢サバイバルウォー＝30分1本勝負
⑩神取忍○、二上美紀子（11分29秒、ワキ固め）渡辺智子、山田敏代●

▼UWA世界女子タッグ選手権＝60分1本勝負
⑪三田英津子○、下田美馬〈王者組〉（15分36秒、体固め）紅夜叉、長嶋美智子〈挑戦者組〉●

▼レジェンド・オブ・メモリアルファイト＝10分間エキシビジョン
⑫ライオネス飛鳥、小倉由美（時間切れ引き分け）バイソン木村、ジャガー横田
⑬ブリザードYukiデビュー戦＝30分1本勝負
ブリザードYuki（12分1秒、体固め）吉田万里子

▼V☆TOP WOMAN 日本選手権トーナメント1回戦＝30分1本勝負
⑭コンバット豊田（16分54秒、原爆固め）堀田祐美子
⑮北斗晶（11分18秒、片エビ固め）イーグル沢井
⑯アジャ・コング（17分17秒、エビ固め）豊田真奈美
⑰ダイナマイト関西（17分38秒、ダイハード関西）井上京子

▼ミス・レスリングユニーバース・タッグサミット＝45分1本勝負
⑱工藤めぐみ○、福岡晶（14分3秒エビ固め）キューティー鈴木、井上貴子●

▼みちのくプロレス　憧夢ルチャ天国＝60分1本勝負
⑲ザ・グレート・サスケ○、SATO、獅龍（21分45秒、エビ固め）スペル・デルフィン、新崎人生、愚乱・浪花●

▼V☆TOP WOMAN 日本選手権トーナメント2回戦＝60分1本勝負
⑳北斗（5分47秒、体固め）豊田
㉑アジャ（12分22秒、片エビ固め）関西

▼WWF世界女子選手権試合＝60分1本勝負
㉒ブル中野〈挑戦者＝全女〉（9分27秒、体固め）アランドラ・ブレイズ〈王者＝WWF〉

▼V☆TOP WOMAN 日本選手権トーナメント決勝戦＝時間無制限1本勝負
㉓北斗（20分24秒、片エビ固め）アジャ
※北斗がトーナメント制覇

著者紹介
小島和宏（こじま・かずひろ）
1968年10月、茨城県生まれ。1989年、大学在学中に『週刊プロレス』の記者としてデビュー。全日本女子プロレス担当を務めながら、FMW、W☆ING、みちのくプロレスなどインディー全体を追いかけることになる。対抗戦ブーム時には、女子プロレス増刊号のチーフを任されることも多く、ほぼすべてのビッグマッチを取材。特に北斗晶と工藤めぐみに関しては「番記者」的な立ち位置で密着取材を敢行し続けた。現在はフリーライター&エディターとして活動。アイドルの取材、執筆をメインとしており、ももいろクローバーZの「公式記者」として全国を飛び回っている。プロレス関連の主な著作に『ぼくの週プロ青春記』（朝日新聞出版）、『ももクロ×プロレス』『アイドル×プロレス』（ワニブックス）、『ゴールデン☆スター　飯伏幸太〜最強編』（小学館集英社プロダクション）、『誰も知らなかった猪木と武藤　闘魂Vスペシャル伝説』（メディアックス）などがある。

編集協力：入江孝幸

憧夢超女大戦《どうむちょうじょたいせん》　25年目の真実

2019年12月24日　第1刷
2019年12月25日　第2刷

著　者　小島和宏

発行人　山田有司

発行所　株式会社　彩図社
東京都豊島区南大塚3-24-4
MTビル　〒170-0005
TEL：03-5985-8213　FAX：03-5985-8224

印刷所　シナノ印刷株式会社

URL https://www.saiz.co.jp　Twitter https://twitter.com/saiz_sha

ISBN978-4-8013-0417-8 C0095